朱云乔 著

一别，如果永不相见

张爱玲传（珍藏版）

中国纺织出版社

内 容 提 要

张爱玲，似一个华贵迤逦的民国梦境。她有着显赫的家世，在镀金的背景下开始传奇人生。生命辗转，她见识了繁华，也体会了繁华逝去后的颓唐。她是傲然于世的海上花，才华横溢，惊艳文坛，却在遇见爱人时低到了尘埃里，卑微地绽放着幸福之花。百转千回的人生路上，她在世俗中精致地活着、爱着、痛着、执着着、悲伤着……思想与磨难碰撞出花火，所有情绪在笔下生发出闪光的灵魂。她将心绪泼墨于纸上，晕染开来，成了一段段爱恨交织的人生故事。这本书中流淌的，便是她最真实的生命。当你阅读她的传奇，亦会聆听到自己情感的流淌之声。

图书在版编目（CIP）数据

一别，如果永不相见：张爱玲传：珍藏版 / 朱云乔著. —北京：中国纺织出版社，2018.10

ISBN 978-7-5180-5208-0

Ⅰ. ①一…　Ⅱ. ①朱…　Ⅲ. ①张爱玲（1920~1995）—传记　Ⅳ. ①K825.6

中国版本图书馆CIP数据核字（2018）第147560号

策划编辑：郝珊珊　　　责任印制：储志伟

中国纺织出版社出版发行

地址：北京市朝阳区百子湾东里 A407 号楼　邮政编码：100124

销售电话：010 — 67004422　传真：010 — 87155801

http：//www.c-textilep.com

E-mail：faxing@c-textilep.com

中国纺织出版社天猫旗舰店

官方微博 http://weibo.com/2119887771

北京通天印刷有限责任公司印刷　各地新华书店经销

2018 年 10 月第 1 版第 1 次印刷

开本：880 × 1230　1/32　印张：7

字数：130 千字　定价：42.80 元

序 言

那一抹别样的颜色

她出生在烟雨迷离的民国，动荡的街景隐匿了一段又一段千疮百孔的感情。时代的列车轰隆隆地前行，她坐在车上，从橱窗的倒影里看清自己的脸，莞尔一笑，眼底藏尽了孤绝，隔世，苍凉。

她是来自海上的新娘，若烟火般璀璨却易逝。冷漠的外表下是一颗炽热的心，言说着沧海桑田、浮生若梦的历史谶语。她放恣并爱悦着自己的才华，以一种贵族特有的气氛，惊艳了世事所有的浮夸。

她是民国时代的临水照花人，于千万人之中，在时间的无涯里恰巧遇见了他。于是，她变得很低很低，低到了尘埃里却依然欢喜。若爱情是杯毒酒，她也宁愿饮鸩止渴。奈何，缘浅唯有半生之久。

她有着“恶俗不堪”的中国式女人的名字——张爱玲。

1920年9月30日，张爱玲出生于上海的古旧老宅。她家世显赫，是满清贵族的遗脉，骨子里带着万人倾慕的贵族气质。她是一个古灵精怪的天才，经历过世事繁华之后的她，一生之中的四大憾事竟是海棠无香，鲥鱼多刺，曹雪芹《红楼梦》残缺不全，高鹗妄改——死有余辜。

1995年9月8日，世人才后知后觉永远失去了她。洛杉矶公寓里，这个瘦小、穿着赭红色旗袍的中国老太太，安详地躺在空旷大厅里精美的地毯上。落花流水无情，可是最荒凉又博大的太平洋海水，终有一天会把她的骨灰送回她魂牵梦绕的上海——她一生之中最熨帖的地方。

阅读爱玲，你一下子就看尽了人世间所有的荒凉。她笔下的文字好似昆曲，拖腔慢调，述说着人生与爱情中的“苍凉”哲学，冷漠地解剖着人性的自私、感情的凉薄和时代的虚伪。她创造了一个又一个传奇世界，是20世纪40年代文学的一场灿烂烟火。然而，历史并没有给她公正的待遇，曾经一度，中国所有的文学史对这个名字都讳莫如深。可是，谁又会在意呢？敌不过似水流年的只是如花美眷罢了，真正的才华如火焰般难以收藏，她总会燎原。

她直至石烂海枯的半生浅缘，她用横溢才华的笔写下举世的传奇，她尝尽人间荒芜的孤绝心情，总是言不尽言，词不尽意。月有阴晴圆缺，可她的故事总也讲不完，道不尽的是那一抹繁芜的莞尔一笑。

若你于浩如烟海的文学之中，没有早一步，也没有晚一步，恰巧遇见了她，那也无须赘言，唯有轻轻地说一句：哦，原来你也在这里。

朱云乔

2018年春

目 录

第一章

依稀·曾经的老旧时光

悠长得像永生的童年，相当愉快地度日如年，我想许多人都有同感。然后崎岖的成长期，也漫漫长途，看不见尽头。满目荒凉，只有我祖父的姻缘色彩鲜明，给了我很大的满足，所以在这里占掉不合比例的篇幅。然后时间加速，越来越快，越来越快，繁弦急管转入急管哀弦，急景凋年倒已经遥遥在望。一连串的蒙太奇，下接淡出。

——张爱玲 · 对照记

温煦，春日迟迟

爱玲的传奇开始于1920年的民国。在这个风云际会的大时代里，上海是一个迷失了的津渡，涌动着不安和世俗的老式弄堂，率先在清晨里醒来，人群开始熙攘起来。一切故事，开始苏醒。

那弄口有一扇大大的铁门，厚重又透着沉迷的遗老孤少气味，门上的铜环不知在哪一场寒雨里惹了铜绿，为繁华染上了沧桑。门口有巡警把守，门的钥匙握在一个叫张廷重的男人的手中，他就是这座宅院的主人。这扇门，关得住外面的新世界，却关不住古宅里一颗又一颗蠢蠢欲动的心。

这是一幢建于明末清初的仿西式建筑。俯瞰更像一座房子群，一座孕育了文学奇异种子的殿堂。一共有20多间房，前院是主人的居住处所，房间又多又深，后院有一圈专门供用人居住的房子。住房的下面是一个同样面积的大大的地下室，通气孔都是圆形的，散发着陈腐的气味，一个个与后院的用人房相对着。朝着房子走去，踏上台阶，你便看到了一个一个又大又粗的水泥门柱。楼梯设在客厅的中间，蜿蜒着带你走向一个有着太多回忆的古老家族。

房子的客厅是昏暗的，即使是晴好的天气，在这里看报纸也是要开灯的吧。这里摇曳着的一张一张泛黄的老照片，是一个又一个藏着故事的蒙太奇，好像是电影院，有着旧梦里邀请出来的板滞。

客厅中间的天花板上，吊着一个大大的铁钩子，那是用来挂煤气灯的。没有电的蛮荒里，点煤气灯的都是上等人家。

这幢房子是李鸿章给他女儿——张爱玲的祖母的嫁妆，上海公共租界西区的麦根路313号。张爱玲和她的弟弟张子静都出生在这里。

爱玲出生的日子，一如她的文章，轰动背景下衬托出的平常人生。虽然平静，但又耐人寻味。

1920年9月30日，这是一个平淡无奇的日子，阳光和煦，有一种宁静的温暖。一个女婴的降生打破了这座豪宅的宁静，伴着父亲的叹息，她的哭声像是投入湖中的一颗石子，泛起一片一片涟漪后，最终又归于平静。而当时的人们无法预料，这样的平静之下，暗涌的，是一段怎样的传奇人生。

父亲为她取名张煐，一个名字，标记了她人生的开始。带她的何干是一个略微上了年纪的老女仆，常常唤她作“小煐”。当她10岁上小学的时候，母亲要给她取一个新的名字，就从英文人名中暂时选择了Eileen，音译过来则是“爱玲”。母亲再度取名，赋予了她生命新的意义。爱玲的传奇，也便随之成长。后来张爱玲在《二十世纪》发表英语文章，出版《秧歌》与《赤地之恋》等的英文版时，都署名为Eileen Chang。

张爱玲是清末著名“清流派”代表张佩纶的孙女，前清中堂大人李鸿章的重外孙女，官宦世家，高门望族。生命为她铺上了一层繁华的底色，而繁华却未在她的生命中峥嵘。她成了见证繁华辉煌、体验家道中落的亲历者，她所经历的家庭生活的一幕一角都反映着时代、国家、社会革命等一切重大题目的沧海桑田。

时光昏昏沉沉地往前赶，小爱玲随着时光的步调在这座豪宅里渐渐成长。四季辗转，又是一年的岁月轮回。小爱玲的生命中，将画上第一个圈。按照张家的规矩，小孩子满了周岁，都要“抓周”，以占卜将来的志向和命运。

那一日清晨，何干就打扮好了爱玲，小时候的爱玲是一个招人喜欢的孩子。她穿着红色的小夹袄，生着圆圆的脸，梳着短发，长长的齐刘海一直垂下来遮住了眉毛。客厅里乱糟糟的有很多人，下人们叽叽喳喳地议论着，张家的主人们笑呵呵地坐在客厅里的沙发上，好像等着看一出隆重的好戏。这里当然要包括长大后张爱玲最喜欢的姑姑。张爱玲的姑姑张茂渊，是曾经天津城里唯一戴着眼镜的女性，她身上无处不彰显着五四以后新青年的想法与装扮。

张爱玲被大人们抱到一个装着琳琅满目的物件的盘子前面，那是一个漆盘。小爱玲圆圆的大眼睛滴溜溜地转着，这个小不点儿，抓起了一件东西后，上下打量着，在她把东西送进嘴里之前，大人们笑着从她手里抢了下来。

关于张爱玲在抓周时到底抓了什么东西，她自己自然是不会记得的，只有任凭别人说。姑姑说她抓了一只小金镑（19世纪初期至一战结束，在英国本土及其殖民地流通的面值为1英镑的金币），何干却坚持说她拿起的是一支笔。这件事情，现在已经不可考，那就让我们用诗意的想法去看待这件事吧。

想起张爱玲笔下创造的一个又一个奇异的传奇故事，不如我们暂且相信何干的说法，就说她抓起的是一支笔吧。那些爱恨痴缠的故事在她的笔下流淌而出，那些时代骤变里的苍凉散落在她的故事里。

张爱玲出生的第二年，她的弟弟张子静也诞生在这座豪宅里。张子静是一个漂亮又温和的男孩，他的出生让张家人把所有的爱都倾注在这个可以给张家传宗接代的男孩子身上。就连带张子静的张干，都要比带张爱玲的何干地位高些。张干裹着小脚，伶俐要强，处处占先。而何干因为带的是个女孩子，便会有些自觉心虚，凡事都让着张干。

而小爱玲是不能忍耐张干重男轻女的论调的，所以后来，这个脾气倔强的小丫头常常会和张干争论不休，更是在一次争论中气得说不出话来。这也让爱玲在很早就意识到了男女平等的问题，所以这颗年幼的心中就立志要锐意图强，胜过弟弟。

最初的一切都是模糊不清的。爱玲虽然生于上海，但是在她两岁的时候全家搬到北方去。那时的她被用人抱来抱去，还没有太多关于世界的记忆，她注视到最多的，是何干颈项上松垮的皮肤，无趣的孩童，会用手去抓何干项颈上的皮。随着她渐渐长大，何干的年纪越来越大，皮肤更加松软下垂，爱玲的触感就有了不同。也许，那便是她最初对岁月最真实的感受了。有时候，爱玲会不耐烦地抓得何干满脸血痕。所以，用人的皮肤，给她留下了不少记忆，而她也更记住了那个善良的老用人。

爱玲关于童年的记忆是零碎的，往往都是某件事，给她留下了一种特殊的感觉，也因此烙在了她的记忆里。

在张爱玲的记忆中，第一个家是在天津。她很喜欢这个家，她在这里度过了一个愉快的童年，她曾经在散文《私语》中回忆："有一本萧伯纳的戏：《心碎的屋》，是我父亲当初买的。空白上留有他的英文题识：'天津，华北。一九二六。三十二号路六十一号。提摩太·C. 张·'我向来觉得在书上郑重地留下姓氏，注明年月、地址，是近于啰唆无聊，但是新近发现这本书上的几行字，却很喜欢，因为有一种春日迟迟的空气，像我们在天津的家。"

爱玲觉得，一本书，读过感受过，它的血液和灵魂掠过你的内心，停留或者飘远，便已经有了重大意义，远不必留名这样明晃晃地标记。

如果你细心，一定会发现，从爱玲出生开始，最重要的爸爸和妈妈都是缺席的。在她模糊的记忆中，只有一个上了年纪的老用人——何干时刻围绕在自己身边。也许从此刻起，谶语便已种下，亲情，一样是千疮百孔的。

古老旧宅的留声机

鸽子展开翅膀，排成一片，纸一样的形状，飞过天际，远远地落在了灰突突的瓦片上，发出咕咕的叫声。古老的天津旧城，朦胧地半睁开眼，像民国时期的中原大地，充满了万马齐喑的奇异风景。你无法想象，当义和团的铁拳挥过之后，这里住着多少满清遗少。

晨光，隔着厚厚的灰暗的玻璃窗闪烁着，张家大宅从睡梦中清醒过来。新的一天，却重复着旧的故事。而对于爱玲，每一天都是精彩而新鲜的。

早上，何干蹑手蹑脚地抱着爱玲来到了上房，张爱玲从小便不被允许同妈妈一起睡，她不知道为什么，可对妈妈在铜床上睁开眼睛时的神情却记忆犹新，因为她总是皱着眉头醒来。张爱玲不懂得母亲的忧愁，却记住了她凝眉的姿势，始终忘怀不了。

肉嘟嘟的女娃娃，爬在铜质大床的方格子青锦被上。不知她是不是在数着手指，等待着长大的时光呢？

妈妈才醒过来时总是不甚快乐的，仿佛那灰暗的玻璃遮挡住的不仅仅是阳光，还有她的一颗向往光明的心。总是跟小爱玲玩了许久后，她的柔暖的母爱才会渐渐苏醒，她才会略微高兴起来，有一搭没一搭地教她背唐诗。而小小的爱玲也就不知所云地摇头晃脑起来。写字也是在伏在床边学的——“每天下午认两个字之后，可以吃两块绿豆糕。”所以关于学习写字，总是充满了香甜的美好的记忆。

在悠长的像永生的童年里，这是爱玲对与妈妈相处的珍贵记忆，在后来的时光中，越来越模糊，后来母亲在国外的一段时间，爱玲甚至记不清母亲的样子。母爱，对于张爱玲来说，从来都未曾出席过。

张爱玲的妈妈——黄素琼，是一个漂亮敏感的女人。她长得清秀高挑，头发不太黑，皮肤也不白，眼窝深陷下去，加上高高的鼻梁，倒有点像外国人。而她的内心是开放、向往自由的。黄素琼的妈妈，张爱玲的外婆是个农家女，嫁给爱玲的外公——湘军水师的儿子做妾室，生下了张爱玲的妈妈。黄家是明朝的时候从广东搬到湖南的，或许有些南洋混血也未可知。

小爱玲刚刚学会行走的时候，总是蹒跚着在屋里走来走去，她更喜欢躲在妈妈后面，看她照镜子。昏黄的镜子里倒映出一个爱打扮的漂亮妈妈。她穿着绿色短袄，上面别着一支翡翠胸针。那支胸针，美到极致，让张爱玲幼小的心灵萌生了对美的无限向往。

爱玲小小的心灵对妈妈欣羡不已，她急切地渴望长大，渴望漂亮，渴望自作主张地做一切自己想做的事情。她当时最大的心愿便是“八岁我要梳爱司头，十岁我要穿高跟鞋，十六岁我可以吃粽子汤团，吃一切难以消化的东西”。这是一个小女孩最初关于美丽的梦想，简单，清纯，却又触动人心。

张爱玲的妈妈黄素琼和张爱玲的父亲张廷重结婚时，黄素琼22岁，他们是当时人人称羡的金童玉女，门当户对，郎才女貌。然而，这一对夫妻却在骨子里是两个对立世界的人。

张廷重是个碌碌无为的满清遗少，他的名字只因为他的女儿、父亲和外祖父而被人知道。在爱玲的记忆里，父亲一辈子绕室吟诗、背诵古文的时候，都是滔滔不绝，一气到底，末了拖长了音调，以一唱三叹作结。沉默着走了一两丈远，然后又开始背另一篇。俨然一个摆着无聊书生阔气的“孔乙己”，始终散发着一种陈旧、古老的气息，倒像是在历史的画卷里活着的人。

张廷重也受到了西洋现代文明的熏陶，他会读英文，会用打字机，但他也抽大烟、养小公馆、嫖妓、赌博，像当时他们许多生活在租界中的亲戚们一样，在夹缝中偷生。时代的转折，让这些养尊处优的纨绔子弟扭曲地生存着。然而张廷重的扭曲不但来源于时代的转折，他自身的性格也为他埋下了尴尬的种子。据女仆何干回忆：“老太太总是给三少爷穿得花红柳绿的，满帮花的花鞋——那时候不兴这些了，穿不出去了。三爷走到二门上，偷偷地脱了鞋换上袖子里塞着的一双。我们在走马楼窗子里看见了，想笑，又不敢笑，怕老太太知道了问。”张爱玲的奶奶宁可张廷重见不得人，一副羞涩的女儿姿态，也不愿意他学坏，败坏了干净辉煌的家声。种种内因外况累积下来，便造就了这样一个矛盾的人。

张廷重虽然也看平民化的小报，买整套的《胡适文存》看他对旧文化的批判，购买国外的名牌汽车，他懂得新思想、新观念、新的生存方式，然而对于这些，他却只能懂得，却无法接受。他的灵魂里，住着一个恪守封建的人。而与张廷重不同的是，他的妻子黄素琼是个接受了新式教育、聪慧漂亮、洋溢着时代朝气的女子。她的周身始终散发着阳光和希望，她崇尚自由，有自己的梦想……所以，在黄素琼的映衬之下，他身上依然带着没落贵族的陈腐味道。

这样的黄素琼必然与丈夫话不投机，好在张爱玲的姑姑张茂渊与她意气相投。所以在1924年，张茂渊要出国留学的时候，黄素琼借口小姑出国留学需要监护，便一同出行。那一年，她已经31岁，两个孩子一个4岁、一个3岁。亲情与自由，黄素琼毫无眷恋地选择了后者。她像一只冲出牢笼的鸟，义无反顾地奔向她渴望的西洋天空。

和母亲分别的那一天，小爱玲并没有像普通孩子一样哇哇大哭。她记得妈妈穿着一袭绿色长裙，裙子上装饰着亮闪闪的发光的小片。在上船前，她的妈妈伏在竹床上痛哭，抽噎着，连身上的亮片也闪闪发光。用人上来催促了好几次，说时候已经到了，可妈妈就像没有听到一样，用人们只好把爱玲推上去，教她说：“婶婶，时候不早了。”爱玲算是过继给另一房的，所以称自己的父亲和母亲作叔叔和婶婶。张爱玲对这时的妈妈印象深刻，虽然那时她只有十岁，可是后来她在《私语》中这样描述："她不理我，只是哭。她睡在那里像船舱的玻璃上反映的海，绿色的小薄片，然而有海洋的无穷尽的颠波悲恸。"

这个鬼精灵小不点有些手足无措，因为用人们没有教给她别的话，她只能愣愣地站在竹床前，看着"波光粼粼"的妈妈。最后仆人来把她牵走了。

稚子的年龄，爱玲大概也不懂得什么叫分别，当然她也不明白母亲为什么要走，甚至她都不知道母亲要去哪里。但她同母亲似乎并不亲近，没有一般小孩子那么依恋母亲，后来她说过这样的话："最初的家里没有我母亲这个人，也不感到任何缺陷，因为她很早就不在那里了。"能说出这样绝情的话，想必这次离别也没有给她留下过多的伤痛的记忆，而是在她的心底留下了一层，难以察觉的凄凉。

黄素琼大概也是不太喜欢这个女娃的，一段不愉快婚姻的产物，又有多值得疼爱呢？所以分别那一刻，她也只顾着自己痛哭，并没有理会站在身边的女儿。又或许，她太爱自己的孩子，她害怕再看孩子的样子，她害怕自己会犹豫，因而放下她一直渴望的理想。

张爱玲异乎寻常的心灵世界的形成，大概也与她儿时缺少母爱有很大的关系。她还是个小孩子的时候，就很少撒娇，因为没有母亲，父亲又是难以亲近的。

更多的时候，爱玲总是会自娱自乐，或许这么说更恰切，她只能自娱自乐。像是一地荒芜中开出的希望的小花，奇异却美好。在爱玲小小的心灵里，天津大宅是一个奇妙的去处，里面藏了无尽的谜语与故事，她不需要与别人分享，这里只有她一个人就够了。

童年的爱玲是个漂亮可爱的女娃娃。穿着小裙子，及膝长袜下面是一双暗红色的小皮鞋，她有时候笑眯眯地不知道看着什么，有时候又嘟起小嘴，不知道打着什么歪主意或者是跟何干生气。

她常常自己一个人坐在小椅子上，喝下满满一碗祛暑的淡绿色的六一散，看着一本谜语书，奶声奶气地念道："小小狗，走一步，咬一口。"念完嘎嘎一笑，自己说出了谜底：剪刀！

一个人的笑声是清晰的，却有着一种说不清的忧伤。一个幼小的孩子，就这样在一座老宅院里，默默地习惯着一个人的精彩。

她很少与别人发生故事，却会偷偷观望别人的人生。有一次，带弟弟的女仆张干，买了一个柿子，放在抽屉里。磨得发白的梳妆台，下午的阳光铺在上面，有了一种春日迟迟的悠哉。因为柿子是生的，所以先收在那里。这成了小爱玲心中一个奇异的所在——"隔两天我就去开抽屉看看，渐渐疑心张干是否忘了它的存在，然而不能问她，由于一种奇异的自尊心。"时间过了好久，张爱玲一直看着柿子腐烂，最后变成了一泡水。她十分惋惜，一直到长大成人后还记得这件事情，并把它写进了散文里。

她的孤独，在时光里和她一同生长。理智和冷静，也渐渐爬到了可以孤独的心上。那些静默的成长故事，始终在岁月的留声机中，反复吟唱。

古旧老宅的传奇

一个又一个遥远的回响，隔着几世的藩篱，逐渐清晰起来。历史总要走近现实后，你才可以发现它是明媚的还是暗淡的。

很多人的形象，即便一时被掩埋、被扭曲，可总是会有一颗又一颗好奇的心灵，帮你恢复它原本的样子。可是，历史的真相是一个无底洞，你只能无限接近，却永远无法到达。

对古旧老宅子里传奇的挖掘，像剥笋一样，不断地满足着小爱玲的好奇心，这些浪漫的故事在她的心灵里种下了一颗种子，慢慢地发芽。

每逢过年，张爱玲总要去给一个被叫作六姨奶奶的老人磕头。她是张爱玲喜爱并敬重的人物，因为这个小不点有一次竟然很自愿地在她那里磕了好几个头。她的心中总是有一种郑重神圣的感觉，这位六姨奶奶后来成了张爱玲小说《创世纪》中的主人公。

在张爱玲的印象中，这老太太是细长身材，总是喜欢穿黑色衣服，岁月在老人的脸上刻上了皱纹，印上了锈斑。她的眉睫还是十分乌浓，她在苦恼地微笑着的时候，眉毛睫毛一丝丝很长地仿佛垂到眼睛里去。可以看出，她曾经是个美女。然而，她的美没有给她闯祸，也没有给她造福，她就这样在岁月里空自美了许多年。寂寞，却带着幽幽的灵异。

那时的小爱玲并不懂得姨祖母与自己的血缘关系，她也没见过自己的祖母。可是一本小说牵起了一连串被尘封的回忆。在那些文字的描述中，迷雾层层散去，呈现在爱玲眼前的，是一段古老的故事。

在那些古老陈旧的故事中，在小爱玲大胆的想象和聪敏的内心世界里，产生了一个又一个繁复得脱离儿童世界的爱情故事。

因为，古老的旧世界里，张爱玲的几位先祖，曾经试图做世纪尾巴上的力挽狂澜之人。曾朴的一部《孽海花》并没有挽留住晚清从庙堂到江湖的颓废，可它记录了这一散影的过程，张爱玲的外曾祖父李鸿章、祖父张佩纶理所当然地成了书中的主要人物。

没有永恒的夜晚，没有永恒的冬天，一切都会过去，但一切也都会重来。张爱玲的外曾祖父——李鸿章，是那个《马关条约》谈判桌上，背负起了一个国家的骂名的老人。“卖国贼”，对于一个中国古代的仕人来说，是多么严苛的责骂。他被历史记住，却是以这样一种难堪的方式。

然而事实是，李鸿章在事业上总是兢兢业业，励精图治，在道德上的自律也达到了匪夷所思的地步。他渴望力挽狂澜，所以他才有了那种种作为，无论其是否被理解和认同，他始终以自己理想中的方式在奋斗。可是在滔滔的时代巨变中，他终成了牺牲品。细细想来，他也不过是在历史的洪流中激荡着的可怜人罢了。

李鸿章本人并没有所谓的私生活，他有一个并不漂亮的太太，当然，父母之命媒妁之言，这个不漂亮的太太并不是他自己做主娶回来的。他还有一个妾室，是唯一的姨太太，可也是丑的。儿子女儿都是太太生的，这在当时是令人匪夷所思的事情。

张爱玲的祖母是李鸿章的大女儿，大名叫做李菊耦。她还有一个妹妹，在大家族中排行第六，所以张爱玲要叫她六姨奶奶，就是上文提到的小爱玲很是敬爱的老太太。李鸿章很宠爱自己的两个女儿，所以经常留在身边代看公文。后来，爱玲的祖父与祖母相遇，另一段传奇故事，又拉开序幕。

生命原来是一场无法回放的绝版电影！在张爱玲读过《孽海花》后，她对于祖父张佩纶的兴趣更浓厚了。爱玲读到中学的时候，才知道，原来祖父是有名字的，而且还是一个非同凡响的大人物。她刨根问底地向姑姑探究家族的历史，姑姑的回答却是“一点儿都不记得了”。后来，她才勉强了解了一些琐碎的故事。

张爱玲的祖母与祖父的相遇，缘起于一首七言律诗，题目为《基律》。诗的内容如下：

基隆南望泪潸潸，闻道无戎匹马还。

一战岂容轻大计，四边从此失边关。

焚车我自宽户琯，乘障谁教使狄心。

宵旰甘泉犹望捷，群公何以慰龙颜？

这首诗的男主角是张爱玲的祖父——张佩纶。张佩纶是清朝末年的名士。这首诗所写的是张佩纶在李鸿章的府中做幕僚的事情。一个四十多岁的老男人，在岁月的风霜之后，低姿态地苟活于世。他22岁中举，一时书生意气，挥斥方遒。本是参奏大臣，又是新试才子，弹劾官员时，语言犀利，毫不留情。他对当时主持治国之道的曾国藩、李鸿章等人非常不满，常常非议朝政，被称为“清流派”。据说他对后来已经成为他岳父的李鸿章也弹劾过。半年之间，一支利笔不知道参倒了多少朝廷命官，自然也得罪了一大批人。

1884年，中法战争开始，法国拿越南作为跳板，妄图入侵我南疆的基地。同年，在总理衙门任职的张佩纶被钦差福建办海防事宜。

然而，一驾生锈的马车，无论驾驶人员的技术多好，终难敌过飞奔的战车。一个末世的才子，在封建文化的熏陶下，怎么能够抵挡得住来自欧洲的工业文明？失败，只是时间问题。

书生的一派大言、一片雄心，一夜之间便在台湾福建的海防上被击得支离破碎，在南海上飘零。中国海军大败，身为主帅的张佩纶在大雨中头顶破铜盆仓皇逃跑。

张佩纶确实是有才华的，他不但诗文作得好，连八股文也可以作得文采飞扬。当后来别人对张爱玲说起她的祖父时，就用张佩纶来印证“八股也有好的”。

主帅临阵逃脱，战事大败，朝廷震怒。原本，那时候清朝的败北已经是寻常之事，主帅奔逃也是常有之事，只要相互推脱、上下打点一下，便也无大碍。然而，被参倒在张佩纶利笔下的那些红缨，怎会轻易放过这个复仇的机会。于是他被革职充军，流放东北。

四年之后，他终于回到京师。已过不惑之年的张佩纶，在经历了沧海桑田之后，当年的自命不凡已经变成永远不可实现的一个青春大梦。

夫人新逝，正赋悼亡，祸不单行，厄运接踵而至，何处是归程？然后，就出现了上面的诗歌和下面的故事。

张佩纶有一天在书房看到了这首七言律诗，虽然写他征战败北，但是言语之间饱含为才子辩护之意。诗歌既有责备他书生意气的一面，但更多的是充满了爱惜他的才华之意，说他兵败疆场但才气尚存。

张佩纶看到这些赞美之词后，深谙其意，心里颇为感动。李鸿章有意把大女儿许配给张佩纶，所以假意托他代为相夫。

如此，40多岁的张佩纶娶回了20出头的中堂大人的爱女。青春貌美的李菊耦在23岁时嫁给了这位40出头、死过两位太太的贬官做了填房。

尽管李菊耦的母亲大吵大闹，不肯把自己的女儿嫁给一个比她大20多岁的囚犯，可是事已至此，无力回天。并且，在那样一个封建的时代，任何形式的反抗都被判为无效。

老夫少妻，结合7年之后，张佩纶便辞世了，留下孤儿寡母们独自撑起大大的家族。

李菊耦因为孤儿寡母则对儿子赋予了更多的期待，希望有一天儿子能光耀门楣，于是对他严加管束，甚至为了防止儿子跟着子弟们学坏，竟给他穿起了颜色娇嫩的衣履。然而，她却对女儿很是宽容，很多不允许张廷重做的事情，到了女儿那里，都变成了绿灯。

或许是因为自己的婚姻不如意，李菊耦给儿子和女儿的自由是失衡的。这直接导致了张廷重性格中的女性化倾向，而爱玲的姑姑——张茂渊却成了一个十足的自由的人。

荒谬的是，这段被官场中人和文人墨客编得有声有色的佳话，到了他们子女眼中早已褪去了光环。他们在小爱玲面前从来不会提起这段往事，甚至于张爱玲的姑姑还会觉得张佩纶配不上李菊耦，常常为自己的母亲惋惜。没有哪一个家庭中的孩子，会对自己的父亲绝口不提，你很难想象，在这样家庭中成长起来的孩子，会有着怎样扭曲的心理和人格……

古老的宅院，春日迟迟的空气，长着胖嘟嘟脸蛋的小女孩，在一点一点了解自己家族的历史。她不说，你一定不知道，这些故事在童年的记忆里，回荡……回荡……直至若干年后，他们都成了她故事中的传奇，遥远的回响照进了现实，她保持着他们原有的秉性，又赋予了他们新的角色、新的环境，生动地演绎了一段新的故事。

高门望族、官宦世界，那些曾经的繁华，在时光辗转中渐渐褪色。而爱玲的整个家族也掩映出了一个时代的沧桑巨变。而在这样的沧桑巨变中，她感受过繁华，也看尽了衰颓。那些变化，在张爱玲的心中都留下了痕迹。然而，纵然繁华渐逝，对于祖辈，爱玲的心中依然有着浓浓的爱。

后来，张爱玲在《对照记》里提到祖父母的时候，曾写道："我没赶上看见他们，所以跟他们的关系仅只是属于彼此，一种沉默的无条件的支持，看似无用、无效，却是我最需要的。他们只静静地躺在我的血液里，等我死的时候再死一次。我爱他们。"只言片语，写尽心中对祖辈滚烫的爱和骄傲。

曾经的那些繁华，在时代的风云际会中沉寂下去。然而，一种繁华，在沉寂过后，却被另一种传奇替代。也许是那个家族里流传下来的血统，注定了爱玲又将创造一个不一样的传奇。

有快乐，也曾度日如年

梦境开始的旧时光，女孩从风雨里踉踉跄跄地走来。这风雨是一个世纪的悲哀，这风雨也是一个家族的无奈。一个从未体验过亲情温润的孩童，也可以在她色彩斑斓的世界中自在地游弋。

童年的光阴总是有些许梦幻的色彩，一幢前清时代遗留下的古老的大房子，一些不被允许触碰的神秘遗迹，都成为小爱玲眼中游戏的场所。

阳光温热的夏日，时光也变得慢了，如果你仔细倾听，你一定会听到庄稼拔节的声音。就像她的童年，悠长得度日如年，可总会长大。童年的故事会发芽，长成传奇的小说；童年里的阴影会开花，长大后就结成了孤绝的果实。

从小，爱玲就未能获得太多疼爱。她始终未能变成父母的掌上明珠，妈妈把她看作孽缘的产物，爸爸更注重他的大烟、小公馆和儿子。张家有很多人，从清晨到黄昏，他们的脚步声从来都不会停止。而偌大的家族中，一个女孩子也变得渺小起来。疼爱与关心显得有些遥不可及。

岁月本不会相欺，是我们支付了太多美好，又不愿平和对待，所以才有了诸多不如意。没有爱，她依旧活得快乐，也许是童年无知，不觉人情冷暖，更或者，我们愿意相信，小张爱玲心中并不需要这些所谓的爱，她有一种与生俱来的孤绝、隔世。

张爱玲的一个表妹后来回忆她到了上海以后的情景："小时候，我们都在院子、巷子里玩，只有她，总是静静地跟在我父亲身边，听大人说往事。那时候，我们就觉得她很奇怪，也就是后来家人说她的孤绝。"

灰凉的童年，在爱玲的心中落了底，薄薄的一层凉，直渗透到生命里去，锻造了一双洞明世事的眼和一颗敏感忧伤的心。

但她毕竟还是一个小小的孩童，她有时也会像一切儿童一样天真可爱。她是乖巧的，是顽皮的，对天地之间的一切事物也充满了好奇，对自己身边的人们也总是怀着善意的憧憬。

她的游戏之一是给家里的下人们起一些古怪又好玩的绰号。

有一个长得又高又大的丫头，额头上有个疤，所以小爱玲唤她作“疤丫头”；还有一个经常在井边练大字的男人，他看上去胸有大志，又会讲《三国演义》里的故事给张爱玲听，所以他获得了一个与众不同的名字——“毛物”，“毛物的两个弟弟就叫‘二毛物’‘三毛物’。毛物的妻叫‘毛物新娘子’，简称‘毛娘’。毛娘生着红扑扑的鹅蛋脸，水眼睛，一肚子‘孟丽君女扮男装中状元’，是非常可爱的然而心计很深的女人，疤丫头后来嫁了三毛物，很受毛娘的欺负”。

当然张爱玲那时候不懂这些，只知道他们是可爱的一家。

“他们是南京人，因此我对南京的小户人家一直有一种与事实不符的明丽丰足的感觉。不久后他们脱离了我们家，开了个杂货铺子，女佣领了我和弟弟去照顾他们的生意，努力地买了几只劣质的彩花热水瓶，在店堂楼上吃了茶和玻璃罐里的糖果，还是有一种丰足的感觉。然而他们的店终于蚀了本，境况极窘。毛物的母亲又怪两个媳妇都不给她添孙子，毛娘背地里抱怨说谁教两对夫妇睡在一间房里，虽然床上有帐子。”后来张爱玲在文章中这样写道。

张爱玲的孤绝并不能用在她与弟弟的关系上，整个童年时代，她最关心喜欢的就是这个小不点了。弟弟名叫张子静。漂亮的男娃娃，大眼睛上长着长长的睫毛，小小的嘴巴总能说出一串好听的话。

《对照记》中有一张他3岁时的照片。这张照片是张爱玲的母亲亲自上色的，并带到英国去做成了明信片。3岁左右的孩子，水汪汪的大眼睛里有着些许胆怯，小小的朝天辫上头系着红头绳，乍一看，仿佛一个眉清目秀的女孩子。

由于是个男孩子，子静很受家族里的大人们宠爱。然而这个弟弟却总是不太争气，似乎消受不了这么多的宠，总是爱生病，所以必须紧着吃，因此非常的馋，看见人嘴里动着便叫人张开嘴让他看看嘴里有什么。

有时候，他病在床上，还闹着要吃松子糖，用人把糖里加了黄连汁，喂给他，使他断念。不能遂心愿的他又会大哭起来，直把拳头完全塞到嘴里去，仍然继续要。于是用人们又在拳头上擦了黄连汁。他吮着拳头，这下子就哭得更惨了。爱玲清楚地记得弟弟那时可爱又可怜，于是后来十分生动地写进了自己的文章里。

小爱玲觉得自己比弟弟大，比他会说话，比他身体好，能吃很多他不能吃的东西，小孩子的好胜心得到了很大的满足。但是弟弟长得那么漂亮，是个听话又可爱的玩伴。所以，对于弟弟，她心中始终是充满怜爱和喜欢的。

吃过晚饭后，他们常扮演金家庄上的两名骁将，在月光下攻打敌人，或者杀两头老虎，还会劫得锦毛毯充当老虎蛋。这些故事都是张爱玲想出来的，有时候她也会让弟弟来编个故事，不过总是未等他说呢，她就笑倒了，在他脸上吻一下，把他当成个小玩意儿。这个可爱的弟弟，占据了她心中许多关于亲人的温暖。那些美好的画面，多年后，回忆起来，她仍会觉得心中一暖。然而，她的童年并未始终快乐下去。一些难以预料的情节，总会突然地插入到她的生活中。

在爱玲的母亲离去之后，姨奶奶堂而皇之地搬进了大宅子。她的年纪比父亲还大，是个妓女，名字叫“老八”，有着苍白的瓜子脸，额前垂着长长的刘海，虽然嫁了人，却在举手投足间仍透着一股子风尘气息。她的存在，是压倒黄素琼的最后一根稻草。养在外面小公馆的时候，张爱玲就被父亲强拉着去见过她了。

张爱玲记得，当时父亲抱着她走到后门口，她坚持不肯去，所以便拼命地扳住门，拼命叫着，双脚乱踢。气得父亲将爱玲横过来打了几下，所以，爱玲抗争不过，终于还是被父亲抱去了。到了那边，张爱玲又很随和地吃了许多糖。她记得那个小公馆里有红木家具，云母石心子的雕花圆桌上放着高脚银碟子，而且当时这位姨奶奶敷衍得很好，把张爱玲当作小公主一般哄着、逗着。

她不理解上一辈人的情感故事，只顾着自己童年的简单的欢愉。家具精致漂亮，公馆虽小，却温馨热闹，所以，有糖吃的小爱玲并不反感这个地方，也不反感住在这里的女人。

姨奶奶进门以后，古旧的老宅子一下子焕发出了活力，张家也变得热闹起来。家里时常有宴会，那时的人们叫宴会作条子。那一段时间，张爱玲见到了许多从未见过的精彩。小小的心灵看着眼前的繁花似锦，奇异的故事和色彩在眼前氤氲开来。

小朋友的想象总是充满魔幻的色彩，他们不喜欢被约束，越是被大人们严令禁止的事情越能激起他们的好奇。她后来这样回忆道："我躲在帘子背后偷看，尤其注意同坐在一张沙发椅上的十六七岁的两姊妹，打着前刘海，穿着一样的玉色袄裤，雪白地偎倚着，像生在一起似的。"

每天晚上这位姨太太领着她去起士林看跳舞，这个小不点围着桌子转，每次她都可以独自吃掉一整块奶油蛋糕。欢乐和甜蜜，浸满了那一小段时光。

这位姨奶奶起初对张爱玲还是不错的，但是不怎么喜欢张爱玲的弟弟，似乎这位姨奶奶试图通过压低男继承人的地位而抬高自己的身份，所以竭力抬举爱玲。

有一次，她做了一件时髦的漂亮衣服给爱美的小爱玲。还问爱玲是喜欢自己还是她的母亲，张爱玲的回答是"喜欢你"。

这个有着奇怪性格的小不点儿，确实不太讨厌这个气走了妈妈的女人。这个女人带给了爱玲许多她未曾见过的精彩，那也正是爱玲十分渴望的。

后来，家里给弟弟和爱玲请了先生，私塾的先生刻板古朴，两个孩子只能一天读到晚，“在傍晚的窗前摇摆着身子。读到‘太王事獯于’，把它改为‘太王嗜熏鱼’方才记住了”。

这个穿着小裙子、摇摆着念谜语的小朋友，突然爱哭了起来。这大约是爱玲一生中泪水最多的时候了吧。

那一个时期，她常常会因为背不出书而烦恼，她后来自己猜想，大约是因为年初一早上哭过了，所以一年哭到头。

那年初一，爱玲预先嘱咐用人天明就叫她起来看迎新年，谁知用人们却怕她熬夜辛苦了，让她多睡一会儿，所以，当爱玲醒过来时，鞭炮已经放过了。在这个热闹时节，她忽然觉得一切的繁华热闹都已经成了过去，没有她的份儿了，所以躺在床上哭了又哭，一直不肯起来，最后还是被拉了起来。坐在小藤椅上，用人为她穿新鞋的时候，她还是哭，眼睛里涌出大颗大颗的眼泪，一种单纯而悲壮的伤感占据了她幼小的心灵，直哭闹着就说是穿上新鞋也赶不上了。

新年过了，穿上新鞋也追赶不上了。时隔几十年后，她才明了，情感就像新年，只要过了，哪怕坐上火车，不远万里，也终究是追赶不上的。

姨奶奶住在楼下一间阴暗嘈乱的大房里，爱玲难得进去，进去了就立在父亲烟炕前背书。小爱玲的心中总是有些许得意的，因为弟弟远没有她背得多、背得好。

可是渐渐地，姨奶奶的脾气竟然坏起来，不像最初那般欢喜，或许是见惯了风月场中的繁华，来到这个充满规矩的沉闷家中，终于不耐烦了吧。

的确，见惯了光明的人，再把她丢进黑暗，绝望总有一天要蔓延泛滥。见惯了纸醉金迷的人，再把她丢进苦行僧般的日子，她的愤怒总有一天要决堤。

后来姨奶奶的坏脾气终于惹下了大祸，她把爱玲的父亲打了，用痰盂砸破了他的头。“于是族里有人出面说话，逼着她走路。”小爱玲坐在楼上的窗台上，看见两辆塌车从大门里缓缓出去，车里装的都是她带走的银器家生。仆人们都说：“这下子好了！”

这样一个出身风尘的女子，跟世家大宅总是格格不入的。就像繁华荒芜的爱玲，跟那个动荡不安的尘世总是相悖的一样。

在姨奶奶走了不久之后，爱玲的父亲张廷重也走了下坡路，他在津浦铁路局的英文秘书职位被撤销了。这原本是一份不错的闲差，是家里人托关系推荐得来的，但是张廷重沉迷于嫖妓、吸毒、与姨奶奶打架，一系列不光彩的事情搞坏了他的名声。他也因此彻底地反省了一番，之后痛下决心，想要将生活驶回原来的轨道上。于是，他写信给妻子，请求她回国，并保证一定会戒毒，想要重新开始一段新的人生。

也许他曾在颓靡之时，想到了曾经的妻子，心中燃起过对温暖的家的渴望。然而，他的性格、他过往的人生、他的宿命，以及那个时代在骨子里烙刻的印记，注定了那只能是一个短暂的梦，如同泡影一般，美丽，却终究是留不住的。

第二章

西风独凉·花样年华

只有一个孤独的影子，她，倚在栏杆上；她有眼，才从青春之梦里醒过来的眼还带着些朦胧睡意，望着这发狂似的世界，茫然地像不解这人生的谜。她是时代的落伍者了，在青年的温馨的世界中，她在无形中已被摈弃了。她再没有这资格、心情，来追随那些站立时代前面的人们了！在甜梦初醒的时候，她所有的惟有空虚、怅惘；怅惘自己的黄金时代的遗失。咳！苍苍者天，既已给与人们的生命，赋与人们创造社会的青红，怎么又吝啬地只给我们仅仅十余年最可贵的稍纵即逝的创造时代呢？这样看起来，反而是朝生暮死的蝴蝶为可羡了。它们在短短的一春里尽情地酣足地在花间飞舞，一旦春尽花残，便爽爽快快地殉着春光化去，好像它们一生只是为了酣舞与享乐而来的，倒要痛快些。像人类呢，青春如流水一般的长逝之后，数十载风雨绵绵的灰色生活又将怎样度过？

——张爱玲 · 迟暮

到底是上海人

她本自海上而来，光阴借走的七年，她在暮霭沉沉的大宅中蜗居。然而，命运的迂回，让她也不禁要感叹：“到底是上海人！”

上海是张爱玲的底色，它已然成为一个标签，与张爱玲的人生沉浮密不可分地绑定在一起。这座城市与张爱玲气味相投，它的精致、它的繁华、它的纷乱、它的苍凉，都可以与爱玲的文字充分地咬合在一起，酝酿一场将要席卷中华大地的“海上”风潮。

1928年，张爱玲8岁，张家举家迁回上海。她开心地接受着鲜艳的大千世界，却一个不小心就迈入了薄情的国度。

这一年，北方的局势很不太平。5月，蒋介石和冯玉祥在郑州会面，计划要断奉系张作霖的铁路线，准备向天津进军，京津地区面临着一场大战，形势十分危急。当时在京津地区居住的遗老遗少为了避祸，都想要尽快地远离战争，而当时的上海租界区正是避难的好去处。张家自然也不例外，况且他们的老宅就在上海。

不过，据张子静所说，他们的父亲之所以要搬家，还有其他的原因：

张廷重曾经托一个在北洋政府任交通部长的堂房兄长引荐，在津浦铁路局谋了个英文秘书的职位，但他不仅不去上班，还因为种种恶习而声名狼藉，甚至影响了他的堂房兄长的名誉，于是被撤了职，他自己也搞得颜面尽失，在天津再也待不下去了。在这样的情况下，张廷重决定搬回上海去住，同时写信给远在欧洲的妻子，求她尽快回国。

小爱玲坐在摇晃的大船上，她从未在书中看到过海的礼赞，第一次瞧见翻涌的大海，她却有一种由衷的欢喜。浪花卷动起来，都是快乐的弧线。海浪翻滚着，她的血液也翻滚着。如果冥冥中有天注定这件事，她相信自己与海有缘。然而，这时她尚且不知，多年后，当她望着同一片海，眼底到心底，却翻涌起了另一种忧伤。

她睡在船舱里，身体和记忆一起摇摇晃晃，她没有喝过酒，却仿似有一种醉酒的朦胧感。有时，她会捧读片刻《西游记》，俗话说，“少不看西游，老不看三国”，她却品得津津有味。虽然那里只有高山与红热的尘沙，那里没有水。原来在她小小的心灵里，也向往着一段举世无双的神秘故事。

总有人喜欢把女子喻为水，因为水至柔至刚，至纯至美。张爱玲是水，她容纳着世间所有的薄幸和寡情，然后在薄情的世界里，深情地活着。

经过黑水绿洋，她说，“仿佛的确是黑得漆黑，绿得碧绿”。她是喜欢海的，因为海辽阔、壮美，她坐在甲板上看夕阳。船在水面荡漾，沧海一粟，于孤帆远影中她窥探着自己的渺小。

旧上海，最令人难以忘记的是什么？是款式多变的旗袍？还是乱世中的柔情？在孩子的眼中，这里有大大的汽车、满街穿行的黄包车和卖报的孩童；这里有各种各样的人，穿着不同款式的衣服，婀娜地穿行在历史的街道上。

到了上海，一切都是令人兴奋的。张爱玲的心里仿佛一下子被注射了满满的归属感。她坐在马车上，望着来来往往的行人，心儿快要歌唱起来。此时，她是非常快乐的，像是粉红底子的洋纱衫裤上飞着的蓝蝴蝶，她感到了自在、愉快的空气。

刚到上海的时候，母亲和姑姑尚未回国，张爱玲和爸爸暂住在成定路的一条里弄里，他们住着很小的石库门房子，红油板壁。这小房子远没有天津的大洋房阔气舒服，在旁人的眼中，曾经烜赫一时的张家真的落寞了。可是对于张爱玲，却有一种朱红的快乐。

孩子眼中的世界与大人不同。在世俗的目光里，房子是以“大”与“小”为分别，亲人以“远”和“近”为分别，幸福是以“富”与“穷”为分别。可是在爱玲的心里，只要有家庭的温暖，有一处平静自由的天地，哪里都是天堂。

然而，快乐的感受是稍纵即逝的。虽然在那小气而古旧的石库门房子里，天津家中那种春日迟迟的氛围再也找不到了，但很快有一种从未体验过的恐惧闯入她的心中。时隔多年，她仍旧记得那个下雨天，如同鬼影一般的死亡气氛，从窗口蔓延到整个家中。

上海是个多雨的城市，梅子成熟时，窗外整日里缠缠绵绵地下着雨。父亲常常独自坐在阳台上，头上搭一块湿手巾，双目直视前方，嘴里喃喃地说些什么，可别人总是听不清楚。

檐前挂下了牛筋绳索那样的粗而白的雨，小爱玲很害怕。那个时候的张廷重，已经打了过度的吗啡针，进入另一个世界里。旁人根本无从得知，他究竟是看到了天堂的光，还是触到了死神的衣角。但爱玲清清楚楚记得自己的感受，她的恐惧是切实的，她感到自己后背的毛孔全部打开，应该是一种来自死亡的威胁。她不知道该做出什么样的反应，不能说，也不敢哭泣，只能手足无措地恐惧着，这是任何一个小孩子不能理解也不能排遣的感受。

每到那种时刻，一切瞬间变得突兀起来，包括那北方不曾见过的粗暴有声的大雨，一些不安的东西，从虚无中猛然冲出来，迎面扑向小小的心灵。她惴惴不安地守在父亲身边，等待着必将发生的一切。这是她第一次见到世界上有令人恐惧的一面，那是一片阴森可怖的暗影，突然地移进了她的视野。

所幸这种阴影并未持续太久，她终于不必孤单地面对这种情景，因为她的母亲及时地从外国回来了。当女佣告诉小爱玲这个消息时，她觉得自己内心那个黑暗潮湿的小房间里，陡然射入了一束温暖阳光。

其实，从最真实的心理感受出发。得知母亲的回来，爱玲的心里除了高兴与期待，还有着一种莫名的陌生感。在年幼的时光里，母亲的形象是她日夜思念的对象，可是细细想来，对母亲的印象，依稀还停留在四年前，那个波光粼粼的离别场景。母亲在她眼中一直是神秘而辽远的。甚至，母亲的样子，她也有些模糊了。

在小爱玲眼中，妈妈长得像外国人，她的头发不是很黑，肤色也不白，有些拉丁民族的味道。她在英法两国耳濡目染的时髦装扮和优雅风度，更让人觉得她同一般的中国女人不同。其实，母亲家里十分守旧，因而她从小就缠足，但据张爱玲的姑姑张茂渊说，她在瑞士阿尔卑斯山滑雪，比一直是天足的张茂渊滑得还要好。

张爱玲曾经俏皮又骄傲地说，母亲是“踏着这双三寸金莲横跨两个时代”的女人。

母亲黄素琼回来的那天，小张爱玲吵着要穿上一件小红袄，那是她认为最俏皮的衣服。可是，黄素琼看见张爱玲的第一句话就说：“怎么给她穿了这样小的一件衣服？”

不久，小爱玲就做了新衣，一切就都不同了：张廷重痛改前非，被送到了医院。张爱玲和母亲搬进了一所花园洋房里，有狗，有花，有童话书，家里陡然添了许多蕴藉华美的亲戚朋友。

母亲的到来，解救了父亲，驱走了家中的恐怖。其后，她彻底改变了家庭的气氛，带来了一种全新的生活方式，这对八岁的张爱玲产生了巨大的影响。她觉得，自己原本的生命航线已经驶入深不见底的黑暗，亏了母亲的回归，才让她的人生，画了一个完美的弧线，转入另一个轨道。

家，很多种颜色

上海宝龙花园，一幢欧式洋房里，藏着一个大放异彩的世界，那里有一种摄人心魄的力量，它的名字叫作文化。

摩登家具，错落有致的摆设，色彩鲜明的装饰，墙上的大大的穿衣镜，装着热水汀的房间……斯文雅致，宽阔明净。

天津的家，也是洋房。可它昏暗，摆着古旧的实木太师椅，印象里都是父亲斜靠在炕上，烟枪里冒出呛鼻的年轮。在这个窗明几净的西方现代化家中，沉淀着历史气味的古老记忆慢慢退去，也在小爱玲的心中消散。母亲和姑姑，正是这个家和张爱玲的改革者。

在女孩朦胧的认知里，古老的记忆遭到了现代文明的取代。

一个是黑白幻影，一个是彩色相片。彩色相片最终取代了黑白幻影，让刚刚被文化启蒙的女孩的生活焕发着光彩，也带给她不可磨灭的快乐，那是一种触手可及的幸福。

姑姑常常在家中练习弹钢琴，母亲有时站在她后面啦啦啦地唱歌，张爱玲在旁边听着。那美妙优雅的声音，明亮得像初升的晨光，轻柔地带她来到另外一个世界，那真是一个无比美好的世界。

在欧洲时，母亲就读于一所美术学校，虽然据黄素琼自己说是“非常散漫自由地去读书”，可她在美术方面的确颇有天赋。这位新派太太回归上海之后，经常在家中作画。因为画油画的关系，她同徐悲鸿、蒋碧薇、常书鸿等人都熟识，经常在一个圈子里聚会、交流。当然，最终她并没有走进绘画领域的主流视野，如今也已经看不到她的绘画作品，但在她精心上色的两张照片——张爱玲和张子静的单人照片上，也不难看出她对色彩敏锐的把握能力。

张爱玲正式学画也在这个时期。黄素琼有时候也给张爱玲讲一点儿绘画的常识，她告诉张爱玲，画图的背景最得避忌红色，通常来说，背景看上去应当有相当的距离，可是红的背景会显得太过突兀，总觉得近在眼前。

不过，张爱玲从来就是一个有自己独特判断的孩子，她钦佩母亲的绘画才华，不过喜好是血液里的东西，是与生俱来的敏感。她喜欢红色，在她心中，仿佛红色象征着光明的家，触手可及，温暖柔亮。

姐弟俩的卧室墙壁就是那没有距离的橙红色，这是张爱玲自己的选择，这也在幼年时成了她的一个小小癖好。画小人时，她也愿意在纸上画上红的墙，温暖而亲近。

多年后，张爱玲在文章中谈起对于这个家的记忆，她说，浮现眼前的是两种颜色——红的和蓝的。她把这个家称作“红的蓝的家”，旧的玫瑰红色的地毯，覆盖在冰冷的水泥地上，让人感觉到温暖和煦；红地毯上配套着蓝色的椅子，色彩鲜明的对比，仿佛是她用油彩画出来的。

红配蓝，看似是不甚和谐的。然而爱玲喜欢，连带的也喜欢母亲去过的英国了，因为“英格兰”三个字令她想起蓝天下的小红房子，而“法兰西”是微雨的青色，像浴室的瓷砖，沾着生发油的香。

母亲会纠正张爱玲的错位思想：英国是常常下雨的，法国是晴朗的。可是没用。浪漫的种子正在发芽，它有着持久而旺盛的生命力。其实，令她欢喜的，是一种难以忘却的欣悦的记忆。

家中常常有很多看起来十分绅士的人来做客，他们的娱乐消遣也是活泼有趣、令人难忘的。多年后，张爱玲还记得，有一次，一个胖伯母和她的母亲，并排坐在钢琴凳上模仿电影里的恋爱表演，逗得她哈哈大笑，控制不住地在地上的狼皮褥子上滚来滚去。

成年后的张爱玲，有着洞悉一切情感的犀利，有着不相信任何感情的悲观。她真正认识到了生活的本质，却依然热爱着生活。世事本就薄情，又何必太过在意？她选择在薄情的世界里，多情地活着。

然而，她从不掩饰对这一段生活的喜爱。她享受这一段回忆。因为这是爱玲童年生活中最和美、最安宁，颜色最丰富、声音最热闹、心情最畅快的一段，一切都到了美和快乐的极致。

刚搬到上海的张爱玲写信给天津的一个玩伴，描写她的新居室、新生活，写了三张信纸，还画了图样，兴奋炫耀之情溢于言表。她没得到回信，她是得不到回信的——那样的粗俗夸耀，任谁也是要讨厌的吧？

大约是想要补偿四年的不闻不问，张爱玲的母亲现在要对她的前途负一些责任了。她要将爱玲从遗老遗少的世界中解救出来，准备把这个不满9岁的小女孩培养成一个与时代相协调的，甚至是走在时代最前沿的现代女性。

张爱玲对母亲的训练十分配合，她不再穿侉气的中国旧式衣服，改穿式样新颖别致的洋装；画画之外，爱玲还弹钢琴、学英文。据张爱玲在后来的文章中对自己的评价：大约生平只有这一个时期是具有洋式淑女的风度的。

张爱玲曾说自己：“9岁时，我踌躇着不知道应当选择音乐还是美术做我终生的事业。看了一场描写穷困的画家的影片后，我哭了一场，决定做一个钢琴家，在富丽堂皇的音乐厅里演奏。”

或许是童年时光的变故，爱玲显得比同龄人更加多愁善感，总是充满了忧郁的感伤，看到书里夹的一朵花，听母亲说起它的历史，竟然也会触动心底的某一根细弦，簌簌掉下泪来。每到这时，母亲会半开玩笑地对弟弟说：“看看你姐姐，可不是为了吃不到糖而哭的！”被母亲夸奖着，一高兴，爱玲不好意思地笑了。

当时《小说月报》上正登着老舍的《二马》，杂志每月寄到了，母亲会坐在抽水马桶上看，一面笑，一面读出来。因为她到过英国，有切身的感受，明白二马父子因为文化差异闹出的笑话有多滑稽。

爱玲听母亲读，她便靠在门框上笑。一直到成人，老舍的作品中爱玲还是最喜欢《二马》。因为一看到这篇小说，张爱玲就想起那暖融融的母女同乐的日常生活场景，和之后的冷冰冰的亲子关系相比，《二马》联结着再怎样努力寻找也找不回来的亲情。

经过母亲的谆谆教导，张爱玲养成了极为矜持的淑女式的社交态度。她本就是孤独内向的孩子，天生多疑的她更喜欢与世隔绝，惜语如金。矜持的淑女式社交态度与她原有的性格非常合拍，所以母亲很是欣慰自己的教育成果。

事实上，张爱玲不仅矜持，有时候甚至是过于拘谨的。

有一次，她的俄国钢琴老师在家里开音乐会，可是她弹得不太好。为此，张爱玲很是愧疚，牙齿紧紧咬着嘴唇，恨不得找个地缝钻进去，尽管老师并没有批评她的意思。再后来吃点心的时候，她竟然连一点吃点心的心情也没有了，一味地对老师说："不吃了，谢谢。"

在母亲的熏染下，她终于告别了传统古板的私塾教育，再也不用一唱三叹，站在父亲的榻前背书，也不用担心因为背不出来父亲要求的篇章而挨罚。

她像所有的现代女孩那样进到洋学堂里接受西方式的教育：从她九岁时写的一封投稿信可以知道她当时正在家里补习英文，预备第二年考小学四年级；后来尽管已经出院的父亲一再大闹着反对送她进洋学堂，但她还是被母亲坚持着——据说是像拐卖人口一般地送进了美国教会办的黄氏小学。

关于她在小学里的情况，除了在填写入学证时由母亲给她取了"张爱玲"这个名字外，另一件可以确切知道的事情是她第一次写了一篇有头有尾的小说。

张爱玲从小就被誉为天才。她三岁时能背诵唐诗，"摇摇摆摆地立在一个满清遗老的藤椅前朗吟'商女不知亡国恨，隔江犹唱后庭花'，眼看着他的泪珠滚下来"，七岁时她写了第一部小说，一个家庭的悲剧。遇到笔画复杂的字，她常常跑去问厨子怎样写。然而真正意义上的第一篇小说，要从下面这篇算起。

那是一个三角恋爱的悲剧，以女主人公的投湖自杀为结局，故事情节很可能是她所阅读的现代爱情小说的一个模仿品，至于她让故事里的少女选择西湖作为自杀地点，是因为她刚刚被母亲领着到杭州游玩过，在她的印象里，西湖很美，尽管她母亲向她指出这一情节显得不真实，她还是固执地坚持了自己的意见，宁肯牺牲情节上的可信性，她也要让少女的死有一种诗意的背景。

爱玲的母亲是这篇小说的读者之一，但是还有许多和她同住一个宿舍里的同学们在蚊帐里争相翻阅，看来可以算是她第一篇在家庭以外广有读者的作品。

故事的主题是爱情的背叛和女人被抛弃后的绝望与自杀，对于年仅10岁的张爱玲来说，一定也是不能完全理解的，然而她竟然写成了，她以异乎寻常的虚构能力弥补了她在理智与情感经验方面的不足。

说到这里，已经是幸福家庭的尾声了，但张廷重的本性回归，粉碎了女儿华丽的梦。泛着多彩光华的家像是泡沫，轻轻一碰就碎了。

飘零，海中的孤岛

对于张爱玲来说，父亲的本性是与生俱来的“恶之花”。因为想要证明自己的爱与改变，他曾经对母亲发誓过要重新开始，可是时间会让所有的海市蜃楼消失无形，也让所有的真相最终浮出水面。

伪装总是坚持不了太久，原来的那个父亲又回来了，带着他的遗少臭脾气，打算想法子弄光母亲所有的钱。

这个懦弱的男人只想到了这样一种可怜的维护家庭的方式，他不拿出生活费，要张爱玲的母亲用自己的钱补贴家用，想着把她的钱花光了，那时她要走也走不成了。

其实，张爱玲的父亲还没有不堪到挥霍无度的地步。他对于“衣食住”都不讲究，单只注意一个“行”字，在汽车上肯花点钱。他弄光她的钱的动机，无非要把他那位有点新思想的妻子拴在家里。

耳濡目染，在张爱玲后来的文学作品中，有着遗少脾气的男人都会想法子弄光女人的钱。大概，在张家这样大的家族里，这样的男人并不少见吧。

如今，已经无法分辨张廷重这样的做法到底是对妻子的爱，还是一个贵族遗少的自尊心不能允许妻子做“第一代出走的娜拉”，或许两者都有吧。

爱与恨，黑与白，是与非，并不似考题一般有着分明的对与错。生活中的事情，有着许多暧昧不明的灰色地带，张廷重和黄逸梵（原名黄素琼）之间的感情就处于这样一种情况，剪不断，理还乱，千头万绪，难以言明。

张爱玲的母亲冰雪聪明，自然很快明白了父亲的用意，所以两人为此发生了激烈的争吵。嘈杂难听的话语，有着极高的分贝，伴着玻璃、瓷器被摔碎的声音，像一颗不定时的炸弹，在张爱玲耳边不远处轰隆一下子炸开。

佣人把她和弟弟拉出去，告诉他们要乖一点。她和弟弟早已经吓慌了，提心吊胆地在阳台上骑着一辆小脚踏车，静静地不敢出声。

没有爱的争吵，每一句话都赤裸裸地伤害着对方。这段婚姻的不幸即将走到尽头。年仅10岁的张爱玲，很早就领略到了无爱婚姻的不幸。幼小的心灵留下的童年阴影，让她对婚姻充满了恐惧与不屑。婚姻，不过是一种关系的象征，相较于这种象征，她更看重爱。

张爱玲对这一幕的印象实在是太深刻了，后来她提到父母的离异时带些幽默地说：“虽然他们没有征求我的意见，我是表示赞成的，心里自然也惆怅，因为那红的蓝的家无法维持下去了。”

在张爱玲懂事以来，这是第一次，父亲、母亲、姑姑、弟弟还有自己生活在同一个屋檐下。原本，她以为，母亲的回归会让“红的蓝的”家更加明亮。

然而，父亲笼罩下的张家有一种阴暗的氛围，窗明几净的大房子，一点一点暗下去，暗下去……

这里变成一座孤岛，四周是浩渺的海水，没有人烟，没有思考。一种近乎疯狂的绝望笼罩在父亲的家里，她失去的，不仅是母亲的爱，还有一瞬间已经占据她心灵的现代文明生活。

最后的最后，张爱玲的父亲和母亲还是分开了。他们是协议离婚的，两个孩子都跟父亲过，但是条约上也清楚地写明——她可以常去看母亲，这带给她很大的满足。

无休止的争吵终于结束了，世界似乎都安静了下来。她和弟弟再也不用战战兢兢，如临深渊，如履薄冰。虽说父母离婚后她的生活仍然充满了不愉快，成名以后她却不止一次地在纸上、口头上坚持提醒人们，父母离了婚的孩子并不像人们想象得那样不幸。

大约在张爱玲的心里，虽然得不到完整的家庭的温暖，至少无须随时担心突如其来的争吵，这真的已经足够了。

父母的离异于张爱玲的生活是一个转折，从此，在张爱玲的印象中，家庭生活的色彩黯淡了下去。在母亲的家的映衬下，她感受到了父亲的家的束缚、封闭，她说父亲的家有一种颓丧的色彩。

她曾经这样描写自己的感受：“（父亲与继母结婚之后）我们家搬到一所民初式样的老洋房里去，本是自己的产业，我就是在那房子里生的，房屋里有我们家太多的回忆，像重重叠叠的照片，整个的空气有点模糊。有太阳的地方使人瞌睡，阴暗的地方有古墓的清凉。房屋的青黑的心子里是清醒的，有它自己的一个怪异的世界。而在阴暗交界的边缘，看得见阳光，听得见电车的铃与大减价的布店里一遍又一遍吹打着‘苏三不要哭’，在那阳光里只有昏睡。”

“那里什么我都看不起，鸦片、教我弟弟作《汉高祖论》的老先生、章回小说，懒洋洋灰扑扑地活下去……父亲的房间里永远是下午，在那里坐久了便觉得沉下去，沉下去。”

父亲的家是迟暮，母亲的家是晨起的第一缕阳光。自母亲回国后，张爱玲就是母亲式生活的忠实追随者。得到了复又失去，她看得见阳光，听得见窗外的车水马龙，可她走不出去，只能转身面对浑噩的瞌睡、灰扑扑的旧照片，游走在阴暗与光明交界的边缘。

她时常想起，小时候她伏在用人身上，从灯红酒绿的起士林回家；她从瞌睡的朦胧中醒来，在奶油的回味中品尝到了懒洋洋的暖意。同样是懒洋洋的生活，如今只有秋天的萧条肃杀，日之将丧，暮气沉沉。

父母离异后，母亲再次离开去法国。张爱玲在当下其实并没有难过，母亲到她住读的学校看她，她没有惜别的表示，母亲也像很安然。一直等到母亲出了铁门，爱玲一个人站在校园里，隔着高大的松杉远远望着关闭了的红色铁门，风中的夕阳，把她的影子拖得很长很长，可还是漠然。

站了良久，她觉得眼前的场景需要眼泪，于是眼泪来了。她在寒风中大声地抽泣，她哭给自己看。

从小到大，她和母亲一起的生活极其有限，她喜欢母亲，是因为喜欢母亲生活里西式的气氛和情调，并不是一个女儿对妈妈的依恋。既然“最初家里没有我母亲这个人，也不感到任何缺陷”，现在也不过是回复到原先的状态。母亲这一次的短暂出现，不过是让家里旧式的窒息生活生出一种年轻人的夸张和激情。

其实，爱玲爱着家中的每一个人，她的爱清醒坚贞。所以，对于她，爱有多深，距离就有多远。她曾经这样说：我没赶上看见他们，所以跟他们的关系只是属于彼此，一种沉默的无条件的支持，看似无用、无效，却是我最需要的。他们只静静地躺在我的血液里，等我死的时候再死一次。

这或许是人说她的孤绝。她在文艺里孤独地坚贞，长成了自己想要的模样，童年的一切都是她沉默的无条件的支持，那是一个作家最为需要的，也是她一辈子无法摆脱的需要。不过，她一直深深记得，母亲是含恨远游欧洲的，红色铁门外边，她离去的背影孤独而落寞。

张爱玲的姑姑因为和父亲气味不相投，所以和她母亲一起搬了出去。母亲走了，姑姑还在，姑姑的家就是母亲的家。每当到姑姑家，看到瓷砖浴盆和煤气炉还在那里，她就觉得高兴和安慰，因为那里依然有“不大明白的可爱的人”来来去去。

这一段时间里，虽然短暂，可是“父母离婚后的孩子未必是不幸的”这类话在她身上是适用的。

此时的张爱玲已经在学校住读，平时不大回家，但她还是愿意去姑姑那里小住的。而父亲的家，还是止于“昏睡”，太平无事地浪费着光阴，直到她有了一位继母。母亲的离开，她没有太多的情绪波动。可是继母的来临，却让她暗暗在心底攥紧了拳头。

她的童年是几经波折的，所以她渐渐习惯了离别、习惯了冷漠，好像那是生命的必然。可是，这并不代表，她可以接受一个昔日的家庭里，硬生生插入一根鲜艳的毒刺。

曾经遥远的记忆

如果母亲是阳光，此时她已只能靠记忆取暖。可是在她心里，太阳换了一处悬挂的地方，却仍旧是那个生命中最重要的存在。如今，悬挂太阳的地方忽地被其他什么东西取代了，她那颗柔软又脆弱的心，不由得伤感起来。

夏夜的小阳台上，当姑姑第一次告诉她这个消息的时候，她哭了。眼泪结结实实地砸在地上，在她的心底泛起了回音。

旧说部（指古代小说、笔记、杂著等一类书籍）和报上连载的鸳鸯蝴蝶派小说中无数关于继母的故事早已让她对继母的形象得出了恶劣恐怖的印象，而今她竟要扮演那类故事中饱受虐待的悲苦角色——她简直无法接受这个事实。“我只有一个迫切的感觉：无论如何不能让这件事发生。如果那女人就在眼前，伏在栏杆上，我必定把她从阳台上推下去，一了百了。”

这当然只能是她的“狂想”。1934年，不管爱玲多么不愿意，继母还是进了张家。

婚礼那天，爱玲面无表情，举止麻木，像个小小的木偶，周围的嘈杂仿佛与她毫无干系。她十四岁，那一刻她站在阴影下，仿佛在严肃地见证一个王朝的更迭。

父亲再婚后，爱玲一家搬回到麦根路别墅去了。爱玲生在那里，一所民初式样的老洋房。爱玲很少回家，见到继母也就打声招呼，偶尔说一两句家常话。爱玲其实是痛恨这种冷漠的关系的，可是又有什么办法呢？心与心之间的鸿沟，很难填平。

这位继母是前北洋政府总理孙宝琦的女儿，也是陆小曼的好友。可这位继母一点大家闺秀的样子都没有，倒是有着一般人们想象中的继母的阴毒。她总是挑三拣四地嫌弃家里不够气派，或者颐指气使地苛责家里的佣人，直到逐渐辞退旧人，渐渐换成了自己的心腹。

据说，孙宝琦的官声不好，膝下有8男16女，妻女全染上了“阿芙蓉癖”，俗称抽大烟。女儿出嫁时，他隐瞒了这一情况，嫁过来后，张爱玲的父亲也并未有什么抱怨，反而近墨者黑，自己也重新拾起了恶习。

继母与陆小曼是朋友，婚后，她的床头挂着陆小曼画的油画瓶花，她就斜歪在花瓶下面吞云吐雾。父亲躺在烟榻上，烟圈袅袅升起，氤氲出一个摇摇欲坠的家族。在爱玲心中，两种蒙太奇交织成一个结点，从此，童年生活结束了，连带着那种春日迟迟的气氛一并消失在烟雨中。

对于爱玲来说，家里的气氛已经不是她所向往的模样。她与继母之间的关系若即若离，走不近，但也保持礼貌。她会尽量减少在家里的时间，常常混在学校里，或是与朋友出去闲逛，将时间安排得十分紧凑。

此时，爱玲已经有了一种“旁观者”的姿态面对生活，仿佛可以不带一丝情感，冷冷旁观发生的一切。

她与继母也会有短暂的交流，但是浅尝辄止，并不过多纠缠。日子久了，她也渐渐明白，所谓可恨之人必有可怜之处，反倒是用一双早熟的洞悉世事的眼睛，看透了这个无端闯入自己世界的女人。

有一次，继母在收拾房间时无意看到了爱玲的一篇作品，题目竟然是《继母的心》。她从来不曾觉得，这个看似冰冷的女孩靠近过她的心，却不想阅读过之后，句句击中自己的神经。此时，爱玲已经具备了成为一个作家最重要的特质——洞悉人性。

记忆的年轮转了一圈又一圈，岁月的脚步沧桑了指尖浮华，花样的年华，爱玲却在羞耻、悲哀、落寞中度过。从黄氏小学毕业后，爱玲进入了圣玛利亚女校。这是一所有着五十年历史的美国教会女中，学校中成绩优异的毕业生可以有机会到英美的名牌大学深造。

一群花样年华的淑女中，张爱玲感到“青春如流水一般的长逝之后，数十载风雨绵绵的灰色生活又将怎样度过”？

她是落寞而悲哀的。继母曾给爱玲送去两箱子旧衣服，她说自己的衣服“料子都是很好的”，事实上，敏感的少女第一眼就发现了残破的领口。

在一所前沿的国际化学校中，学生们都保持着独特的个性，将时尚演绎得别具一格。没有人会愿意整日穿着旧衣，尤其是那上面还散发着自己所不喜爱的气息。

爱玲永远都不会忘记一件暗红的薄棉袍，碎牛肉的颜色，她几乎天天穿，就像浑身都生了冻疮，冬天已经过去了，还留着冻疮的疤——是那样的憎恶与羞耻。这件衣服，也成了她记忆里的一道疤。

后来，当能够自食其力的时候，爱玲用自己的稿费添置新衣，在花样繁多的舞会上，她以“奇装异服”而被大家认识。这种对服饰近乎疯狂的痴迷与执着，大约同此时的遭际有关系。

张爱玲长成一个大女孩，她已经有了独立的意识去应对生活，迎接变故。令她心痛的是弟弟张子静。弟弟不似张爱玲那般，一方面受母亲熏染极深，一方面凡事都有自己的理解与坚持。一日，爱玲放假时返回家中，竟然无意撞见弟弟在看一些极其艳俗的画册，他瘦小的身躯，埋在一件残破的蓝衫之内，表情无知而懵懂。那一刻，爱玲的心里再度涌起了悲哀、涌起了恨。

悲悯的身世之感、痛苦的抉择和难堪的境遇，往往是作家开始创作的契机——爱玲在中文方面的才华开始显露出来。

与大多数的天才作家一样，与生俱来地，爱玲的身体里就流淌着文学的血液。不过，总有一个人要在懵懂的时代助她推开那扇大门。爱玲的伯乐是学校新来的国文部主任，名叫汪宏声。

多年之后，爱玲还能清晰地回忆起汪宏声的第一次作文课，她在两个题目之间摇摆不定，一个是“学艺叙”，另一个是“幕前人生”。她由心底觉得这位先生的思路与想法极好。

同样，汪宏声也敏锐地在人群中发现了张爱玲写作方面的“慧根”。比如爱玲的一篇《看云》，就让他大为赞赏。

其实，此时的张爱玲已经在校刊上发表过几篇文章，有了初试啼声的新鲜感。用英文撰写的《牧羊者素描》和《心愿》已有了寻常少女不曾有的成熟笔触，到了散文《迟暮》的发表，更让人有惊讶的感受。

只有一个孤独的影子，她，倚在栏杆上；她的眼，才从青春之梦里醒过来的眼还带着些朦胧睡意，望着这发狂似的世界，茫然地像不解这人生的谜。她是时代的落伍者了，在青年的温馨的世界中，她在无形中已被摈弃了，她再没有这种资格、这种心情，来追随那些站在时代前面的人们了！在甜梦初醒的时候，她所有的惟有空虚，怅惘；怅惘自己的黄金时代的遗失。

倘若不说，谁又能相信，如此荒凉的文字是出自一个稚嫩少女的手中。后来，因为汪宏声先生的支持与指导，爱玲发表的作品越来越多，也成了《国光》杂志的长期投稿者。

《国光》杂志的兴办者是汪宏声先生，汪先生其实十分希望常常见到爱玲的作品。不过，犯懒是少女的通病，爱玲嘴上答应得好，却常常以一句“我忘啦”来回复汪先生的殷殷期望。

“我忘啦”是爱玲的口头语。她记性极差，有时候会忘记交作业，甚至会忘记将鞋子放进柜子，总之，生活琐事常常有遗漏的情况发生。后来，张爱玲成名之后，有人找到其原来的同学和老师进行采访，大家还饶有兴致地回忆着，她带有独特腔调的“我忘啦”。

除了写作，爱玲保留了绘画的爱好，这也是母亲留给她的一种温暖习惯。在配色上，爱玲更加喜爱大胆的撞色，比如葱绿配桃红，比如宝蓝配苹果绿。《大美晚报》还曾经引用过她的一幅作品，并付给她5元钱的稿酬。她将那笔钱换成了一支小号的丹琪唇膏，这又为她的美丽行囊增添了一件物品，小小的欣喜已经足以让她快乐很久。

那时，爱玲才17岁。

17岁的爱玲，尚且不知，接下来的时间，命运为她安排了一次无望的囚禁。她所喜爱的东西，都长了翅膀，在晚风渐凉的夜晚慢慢飞走，只剩下如生命般漫长的黑夜。她，有一双黑色的眼睛，却仿若永远找不到光明。

1937年夏，张爱玲从圣玛利亚女校毕业。1年之后，毕业典礼在美国礼拜堂举行。爱玲的中学时代结束了。她自己说："中学时代是不愉快的。"

在阳光里昏睡

少女旧事，凄凉地蔓延开来，在1938年的一个阴霾的上午。

人心惶惶的日子里，蜗居在租界的遗少家族，在日本的炮火下仍然纸醉金迷，歌舞升平。你看那手染丹寇的美少妇，她有一颗恶毒狠戾的心；你听那回荡在客厅洗麻将牌的哗哗声音，在子弹和炮声中分外刺耳；你闻那从烟榻上升起的灰白色烟圈，穿越鸦片战争的屈辱，一直氤氲开来。哀其不幸，怒其不争！

当继母恶毒的眼神投向自己时，爱玲只觉浑身阴冷。脸上火辣辣的感觉还没退去，父亲却像疯了一般，从楼上冲了下来。心灵的绝望让这个18岁的少女忘记了身体的疼痛。待到她恢复神智，她已然成了被父亲囚禁在府中的可怜少女。只是，哗哗的洗牌声还回荡在空空荡荡的街景里，仿若一曲末世哀歌从心底奏起。爱玲手捧着破碎的梦，绝望无助地枯坐在黑暗中。

爱玲毕业后，母亲从国外回来了。美人迟暮，更显动人风致。母亲还带了美国男友同行。他是个商人，四十左右的年纪，英俊潇洒。黄逸梵此次回国，是为了爱玲留学的事。她曾约爱玲的父亲谈判，可张廷重却避而不见。

毕业之于爱玲，是件开心的事。她感到自己羽翼渐丰，是时候飞出弥漫着沉腐气息的家，挣脱羁绊，自由地追逐新生活新世界。那时候，她的想法是："中学毕业后到英国去读大学……我要比林语堂还出风头，我要穿最别致的衣服，周游世界，在上海自己有房子，过一种干脆利落的生活。"

去英国留学，是张爱玲一生的夙愿。命运弄人，直到生命的尽头，她也没能实现少女时的梦想。也许是梦想只为一种活着的期望，可能一直无法实现，但生活总要继续。

张爱玲"一直是用一种罗曼蒂克的爱"来爱着母亲的，母亲的归来使她欣喜，但她并不敢在父亲面前表露无遗，何况她的继母又是如此的狠厉。

可父亲还是察觉到了她的变化，张廷重不能忍受一直被自己抚养、教育的女儿，心却向着别人，即使那人是他的前妻也不可以。对于张廷重来说，前妻就像他的一个魔咒，只要一出现，就将他脆弱的信心全线击溃。他觉得自己一向对这个女儿很好，张爱玲如此做，作为父亲的自己无缘由地生出一种被背叛的感觉。

于是，两人的关系陷入僵局，张廷重怎么看她都不顺眼。家中的气氛一度降到冰点。

一次，饭桌上，为了一点小事，父亲扇了弟弟一个耳光。爱玲被震住了，她愣了几秒钟，用饭碗挡住脸，眼泪就流了下来。

也许是心疼弟弟，也许是对家中可恶的气氛感到无力、寒冷又悲凉。当时继母莫名地看了一眼爱玲，没好气地说："咦，你哭什么？又不是说你！你瞧，他没哭，你倒哭了！"爱玲丢下饭碗，快速冲到隔壁浴室，反锁上了门，站立在镜子前，看着眼泪流下脸颊，无声地抽噎着。

讽刺的是，就像是电影里的特写慢镜头，啪的一声响，皮球撞到阳台的玻璃上又弹回去，弟弟正兴高采烈地玩皮球，仿佛刚才的事情没有发生。

死气沉沉的家、凶狠的父亲、阴鸷的继母，张爱玲觉得再在这个家中住下去，自己早晚有一天会变得和这些人一样，麻木，不争气，一种凉薄之感，从身体深处散发开来。于是，她将想要留学的事情对父亲和盘托出。

张廷重在女儿糟糕的"演讲的方式"下大发雷霆，他瞪圆了眼睛，将愤怒的火喷射出来，吓呆了女儿。父亲认为，爱玲分明是受到了母亲的挑唆，原本无事，现在一回来就要将女儿带离他身边。而继母当场就以泼妇骂街的架势骂了起来："你母亲离了婚还要干涉你们家的事。既然放不下这里，为什么不回来？可惜迟了一步，回来也只好做姨太太！"

矛盾一点一点积累，最后像洪水一样爆发了，随后就出现了饭桌上的那一幕。不过，事件没有就此停息，几个敏感的人同处一个屋檐下，一不留神，就会引发一场战争。

此时，正逢日本进攻上海，张爱玲父亲的家在苏州河旁边，夜晚总有炮火声，难以入睡，爱玲便去母亲的家住了两个星期。回家那天，爱玲侧耳细听，发觉楼上在打麻将，于是她小心翼翼地想上楼回到自己的房间。

不料爱玲一抬头，竟看见继母半倚在楼梯上，手中端着一盏茶，口气不善地责备爱玲："你怎么走了也不在我跟前说一声？"

张爱玲回答对父亲说过。

继母冷笑："噢，对父亲说了！你眼睛里哪儿还有我呢？"说罢竟然抬手打了爱玲一个耳光。爱玲从未受过这个气，况且，对这个毫无大家闺秀样子的继母，爱玲早就深恶痛绝。她本能地想还手，却被两个老妈子赶来拉住了。继母见状，一路狂奔着上楼去向爱玲的父亲告状，并尖叫道："她打我！她打我！"

喊声回荡在空气中，爱玲有一种大祸临头之感，仿佛世界末日降临："在这一刹那间，一切都变得非常清晰，下着百叶窗的暗沉沉的餐室，饭已经开上桌了，没有金鱼的金鱼缸，白瓷缸上细细描出橙红的鱼藻。"

父亲冲下楼来，拳脚交加，怒吼着要打死她。她只觉头偏到这一边，又偏到那一边，"无数次，耳朵也震聋了"。直到她倒下身去，躺在地上，他还揪住她的头发，又是一阵踢，直到被人拉开。继母则在一旁幸灾乐祸地添油加醋。

爱玲想起母亲的话，"如果他打你，不要还手，不然，说出去总是你的错"。爱玲没有反抗，她麻木地待在原地，窒息的感觉蔓延开来，一种叫作"亲情"的东西渐渐远离。她卑微、绝望地等待着，等待这场闹剧的结束。这一刻，爱玲觉得，亲情像一把利刃，刺穿了她寒冷的胸膛。骄傲，早就碎了一地。

父亲走后，她立刻要去报巡捕房。大门锁着，她撒泼，叫闹，踢门，想引起门外警卫的注意，然而，她终究没能突破淑女教育的熏染，她不知如何应对这一类的事情。

她被监禁在一间空房里，父亲扬言要用手枪打死她。这时候，往日仅仅给她颓丧之感的家露出了另一重面目，她把这面目写进了小说《半生缘》里，被监禁的顾曼桢的原型就是这一时期的爱玲。“我生在里面的这座房屋突然变成生疏的了，像月光底下的，黑影中现出青白的粉墙，片面的、癫狂的……楼板上的蓝色的月光，那静静的杀机。”

之后，爱玲患了痢疾，父亲只给她请医生，却不给她吃药。发烧，人像在半空中飘着，幻想、哀悼，一切真实与不真实的场景，交叠出现，爱玲觉得自己要疯了。“……躺在床上看着秋冬的淡青的天，对面的门楼上挑起灰石的鹿角，底下累累两排小石菩萨——也不知道现在是哪一朝、哪一代……朦朦胧胧地生在这所房子里，也朦胧地死在这里吗？死了就在园子里埋了。”

她只有一个念头：逃出去，离开这个家。因为“等我放出来的时候已经不是我了”。

《三剑客》《基度山恩仇记》《九尾龟》中越狱的情节，一下子全都跑了出来。她想到《九尾龟》中的一个人物用被单结成绳子，从窗户里缒出去，对照着自己当下的情况，她可以从花园里翻墙头出去，墙边的鹅棚正可踏脚，她甚至把夜深人静时会将棚中的两只鹅惊得叫起来这样的细节也想到了。

她在床上“倾全力”听着大门的每一次开关，巡警抽出锈涩门闩的咕滋咖滋声、大门打开时的呛啷啷的巨响、通向大门的那条煤屑路上有人走过时沙子发出的吱吱声，声声入耳，甚至梦中也听到这些声音。

一等到可以扶着墙行走，她便设法从保姆口中套出了两个巡警的换班时间，又伏在窗上用望远镜张望门外马路上有无行人，而后挨着墙一步步摸到铁门边，拨出门闩，闪身出去——她成功了。

多年后她回想起当时的情景，仍然有一种抑制不住的喜悦流露笔端：“……当真立在人行道上了！没有风，只是阴历年左近的寂寂的冷，街灯下只看见一片寒灰，但是多么可亲的世界呵！我在街沿急急走着，每一脚踏在地上都是一个响亮的吻。”

短短的几步路、几分钟，爱玲终于逃离了藩篱。她回到了人间，却不知，命运在夺走了父爱之后，又再一次考验着爱玲对母爱的信赖。

第三章

爱玲说 · 出名要趁早

以前我一直这样想着：等我的书出版了，我要走到每一个报摊上去看看，我要我最喜欢的蓝绿的封面给报摊子上开一扇夜蓝的小窗户，人们可以在窗口看月亮、看热闹。我要问报贩，装出不相干的样子："销路还好吗？——太贵了，这么贵，真还有人买吗？"呵，出名要趁早呀！来得太晚的话，快乐也不那么痛快。最初在校刊上登两篇文章，也是发了疯似的高兴着，自己读了一遍又一遍，每一次都像是第一次见到。就现在已经没那么容易兴奋了。所以更加要催：快，快，迟了来不及了，来不及了！个人即使等得及，时代是仓促的，已经在破坏中，还有更大的破坏要来。有一天我们的文明，不论是升华还是浮华，都要成为过去。如果我最常用的字是"荒凉"，那是因为思想背景里有这惘惘的威胁。

——张爱玲·《传奇》再版序

古怪女孩的天才梦

张爱玲说："于千万人之中遇见你所要遇见的人，于千万年之中，时间的无涯的荒野里，没有早一步，也没有晚一步，刚巧赶上了，那也没有别的话可说，唯有轻轻地问一声：'哦，你也在这里吗？'"

聪明如她竟然一语道破了人间的千恩万缘。

那段被软禁的日子毕竟是一段十分特别的经历，能拥有这样经历的人并不多，那实在是个绝好的写作素材。不久之后，张爱玲把被软禁的经过用英文写成文章，发表在《大美晚报》上。编辑给文章起了一个动听的名字："What a life，that's a girl's life！"这是一份美国报纸，张廷重每天都要订阅的。家丑外扬，他看到文章火冒三丈，可发完脾气终究是无可奈何，到底文章已经发表了。

那时的爱玲该是多么的孤独啊，没人理会她的委屈，没人心疼她的眼泪，就像被空投到了一个人迹罕至的孤岛，叫天天不应，叫地地不灵，她的心一点点绝望，对这个家的绝望，也是对人世冷漠的绝望。

爱玲被监禁在一个空房子里了。父亲还扬言要用手枪打死她，她知道父亲不会把她弄死，只是要关她几年，折磨她。

这里是她出生的地方，曾经的欢声笑语仿佛还在昨天，而转眼欢乐被悲哀替代，这房子没有了可爱，只剩下了恐惧和陌生。

在那些寂静的夜里，爱玲是孤寂的，也是凄凉的，月光从窗外斑驳的树影里泻进来，在地上勾勒成各种诡异图案，风轻轻吹动树叶，发出沙沙的声响。爱玲感到一种来自地底的寒意，她害怕极了，蜷缩在一个阴暗的角落里。

虽然只有半年时光，对她来说却仿佛是一种成长，后来她说，“等我放出来的时候已经不是我了。”

爱玲特别的童年，造就了她这样不凡的才华，她的作品中，总能隐隐透出那曾经的老旧宅的青苔味，翻着墨绿，又带着沉香。

路灯下的人行道，一片灰寒，寂寂的冷。稀少的人群，不时看到影影绰绰。她自由了，不真实。踉跄在寒冷的冬夜，横斜拉长的是淡薄的背影。她抬眼看到万家灯火，窗子外透出温馨的烛光，暖暖的橙色，心竟渐渐地软和起来。

苍茫大地上踽踽独行，每一步都是一个响亮的吻。走到路边，与拉车的车夫讲起价来，她庆幸，自己还是会还价的，她的心里有一种感触，叫作“在人间”，她的心中还是怦怦乱跳，生怕弄出了大声音被发现后又被抓回去。

父亲的家是再也回不去了，只当自己是死了的吧。她投奔母亲去了。

1944年，张爱玲在《天地》月刊发表散文《私语》，详细记叙了当时的心情："我暂时被监禁在空房里，我生在里面的这座房屋忽然变成生疏的了，像月光底下的，黑影中现出青白的粉墙，片面的、癫狂的。"因爱生恨，抑或是爱恨交织，都成了毒药，渗入五脏六腑，活在身体的每一个细胞里。

那时，张爱玲已经是全上海最红的作家。不知张廷重看到后作何感想，或许只剩老泪纵横吧。

此后两年，张爱玲便与姑姑和母亲住在一起。母亲承担起了爱玲的一切开销。

黄逸梵惊觉，女儿在许多方面极其愚蠢，与外界环境不协调。她不会削苹果，经过艰苦的努力才学会补袜子，她怕上理发店，怕见到客人……

母亲在惊讶之余，十分失望。她决定尽一个母亲的责任，教爱玲煮饭，用肥皂粉洗衣服，练习走路的姿势……

爱玲努力地学习着，两年时间，不过证明了黄逸梵的计划是个失败的试验。母亲气急："我懊悔从前看护你的伤寒症。我宁愿看你死，也不愿看你活着使自己处处受苦。"

古怪的天才女孩，文字、色彩、电影、绘画、钢琴……艺术的天才在生活上总是存在某种缺陷，爱玲称之为"生活中啃噬的小烦恼"。在《天才梦》中，张爱玲如是说："我是一个古怪的女孩，从小被目为天才，除了发展我的天才外别无生存的目标。然而，当童年的狂想逐渐褪色的时候，我发现我除了天才的梦之外一无所有——所有的只是天才的乖僻缺点。世人原谅瓦格涅的疏狂，可是他们不会原谅我。"

那段时间，爱玲几乎是“两耳不闻窗外事”，全然为了自己的梦想，沉浸在了“象牙塔”这方小天地里。

公寓的阳台上，常徘徊着一个无措的身影。西班牙式的白墙，把蓝天割裂开来。仰头向着烈日，张爱玲赤裸裸地站在天底下。这样一个惶惑的人，困于过度的自夸与自卑。

这是爱玲出生以来首次与母亲生活在“同一屋檐下”如此之久，母亲再也不是被“罗曼蒂克般地爱着”了。

曾经，母亲是美人迟暮，雍容，典雅，高贵，大度。母亲的形象之于张爱玲，是个偶像般的人物。从生活品质、审美趣味、朋友圈子等方面，都让她仰望着。如今，她也有平凡日夜，也会被生活拮据困扰。金钱是生活的饭碗，但又是可以摧毁梦想的恶魔。爱玲对钱非常热爱，而母亲则在这个问题上显得一尘不染，不仅在有钱时不愿意提钱，在没钱的时候也不愿意去提。爱玲不明白母亲为何如此清高，但是这种庸俗的想法自然又招来了母亲的失望眼光。

20年代中期，上海被称为东方巴黎。爱玲喜欢打扮，总是痴迷地站在街头，看向那一排装修漂亮的时装店，不论是曼妙的中国旗袍，还是新潮前卫的洋装，都让她心动不已。

日子堪堪流过，黄逸梵本就少有积蓄，此时承担爱玲的开销，手头越发紧了。每次向母亲要钱，对爱玲而言，都是一种折磨。母亲虽然给了她，可爱玲的心里十分难过。渐渐地，母亲也厌倦这种生活了。

“这时候，母亲的家亦不复柔和了。”

生活的琐碎，啃噬着母亲对她的爱，也消磨着爱玲对亲情的最后一丝希望。与父亲决裂，那是一种激烈得近乎同归于尽的烈火；而母爱，则是在岁月中消失殆尽。父爱与母爱，已千疮百孔。

与母亲同居的日子，虽然月亮并不会更圆一些，虽然仍是在阴暗的小角落里苦苦挣扎，但向日葵的种子是已经撒下去的了，她要金灿灿地向着阳，她要开出繁硕的花，她要结出令所有人都垂涎欲滴回味无穷的籽。

中学毕业，拮据的母亲提出了一个“公允的办法”—— 如果要早早嫁人的话，就不必读书，用学费来装扮自己；要读书，就没有余钱兼顾到衣装上。“女学生—少奶奶”之路并非爱玲所愿，她选择了后者。况且，英格兰之梦，早在红的蓝的家中便住进了她的心中。

悲伤逝去了，只留下孤独的缅怀。在乱世流离中寻找一个安定的所在，这是爱玲内心深处最渴望得到的。

荒芜的日夜

路是一种象征，它一直向前延伸，没有尽头，沿途贯穿着死亡与欲望的风景。筑路中的悖论，是命运赋予你的考验。纵使，凡你所愿，终将成空；凡你所喜，终将成悲。然而，是梦便迟早会醒来，假作真时，真亦换作假。生活的意义在于不停止，这比什么都重要。

爱玲要继续下去，这是对生的渴望、对活的期许，这是她与生活的约定。即便生活中到处都是啃噬性的小烦恼，可这袭袍终究华美。

1939年，爱玲以第一名的成绩考取了伦敦大学，由于欧战，张爱玲转而申请香港大学，希望从港大毕业后争取到去英国深造的机会。

从上海坐船到香港。下船时看到灰色的海，爱玲有一种想要呕吐的感觉。这与爱玲第一次从天津回沪时的感受截然相反。梦被折断，退而求其次的选择，香港便怎么都不顺眼起来了。

母亲特地嘱咐自己在香港的好友代为照看爱玲，她知道张爱玲在生活的某些方面笨拙得让人咋舌。那是一个优雅谦和的男士，也是和姑姑共谱一曲恋曲之人。

香港大学在一座山上，美得像童话里的大花园。爱玲并非才思敏捷之人，在港大学习的课程又不是全部喜欢，但她“真的发奋用功了”，她“能够揣摩每一个教授的心思”，所以“每一样”功课总是考第一，并且连得了两项奖学金。

《小团圆》中的九利说，一位教授教龄十几年，从未给过比九利更高的分数。我们都知道，九利就是爱玲，《小团圆》是爱玲的自传体小说，然而，并未团圆，此为后话了。

她心中的出国梦仍没有破灭，她要学好英文，考出优异的成绩来获得奖学金，并争取抓住机会去英国留学。心中有方向，脚下的路才走得坚实。为了能去英国留学，爱玲刻苦地读书，代价是暂时放弃对文学的创作。

对文学的追求，早已被爱玲揉碎融入生命，不经意间，她总是和文学发生着互动。这或许是上天给她不公平的命运的春天。自识文断字以来，小学、中学，我们都可以看到爱玲的习作，而在香港的三年却是空白的。

没被牺牲掉的，大约只有绘画了。但那也是因为不占太多的时间，而且她放开手来尽情地画，也还是在战事发生之后。此外她牺牲的还有闲暇游玩时的一种轻松的心境。偶与同学出去游山玩水、看人、谈天，她总是被迫着的，心里很不情愿，认为是糟蹋时间。除了写英文信，她同时读了大量英文小说的原著，感受英语写作的原汁原味。

走入香港，爱玲的人生轨迹发生了变化。香港，一个全新的天地，为她打开了一扇全新的大门。

热带气候，蓝的海，红的山，长相泼辣妖异的植物，浓得化不开，还有殖民地的怪异的风俗人情，无一不给她留下新鲜、深刻的印象。在她这个外来者的眼中，这一切都化为一种刺激的、犯冲的、不调和的色彩和情调。

这里的人，新鲜，陌生。她的同学多半来自英国各殖民地国家，印度人、安南人、马来西亚人、南洋华侨的子弟、英国移民的后裔、欧亚混血儿都有，种族、文化背景各不相同。她中学的那些同学与她的背景纵有不同，相去亦不至太远，何况大都是在相同的环境中长大的，而她现在的同学，其心理、行为方式对她都有几分谜的味道。

在这里，只有两个人例外。一个是炎樱，爱玲一生的挚友；另一个是她在港大的历史教授——佛朗士。这里，我们先从佛朗士说起。

佛朗士豁达随便、有几分玩世不恭，他是英国人，但却“彻底地中国化”。他会写中国字，而且写得不错，爱喝酒，爱抽烟。在人烟稀少处有三幢房子，一幢专门养猪；因为不赞成物质文明，家里不装电灯、自来水，备有一辆汽车却是给用人买菜赶集用的。他的不修边幅和三分玩世不恭使他没有多少英国人惯有的道貌岸然的绅士气，倒有几分中国文人的名士气。校中纷传的关于他的一件趣事即可见出他的名士气的一斑：他曾与中国教授们一同游广州，到一个名声不太好的尼姑庵里去看小尼姑。他的玩世不恭也见于他对英国的态度。他是大英帝国的臣民，对英国的殖民地政策却没有多少同情，但也看得很随便——“也许因为世界上的傻事不止那一件”（这是张爱玲的推测）。

风流雅士的作风，在课堂上也很明显。枯燥的教科书、四平八稳的历史书，都是佛朗士所不满的。

一生之中，总会有三两知己，不求生死与共，只求相互陪伴，走过一段段漫长的旅途，给寂寥添上浓厚的色彩。她是冷傲的女子，浸泡在寂寥的时光里，清冷如水。只是命运终究没有太过凉薄，在摩肩接踵的人流之中，她认识了炎樱，这个被她引为一生至交的女子。

结伴同行，不止属于爱情。如人饮水，冷暖自知，那所谓的亲情从来不能慰藉她那颗敏感的心，那所谓的爱情总喜欢姗姗来迟，还好，那所谓的友情，在斑驳的校园里与她不期而遇，自然而然，没有早一步，也没有晚一步。

她说："我是孤独惯了的，以前在大学里的时候，同学们常会说他们听不懂我在说些什么，但我不在乎。"那时，香港大学，乃至整个城，都被笼罩在如火焰般的繁花下，欢笑无处不在。只是熙来人往间的热闹喜悦，与她无关。

她在清冷的图书馆觅得良处。那是历史的殿堂，空气静谧，满满的都是书卷的冷香。那是她爱的香气，是她沉溺的天堂，她喜欢着，小心翼翼，情不自禁。一杯茶、一本书，初升的太阳慢慢行走，滑落掉一个个如水般悠长的岁月，真实而又虚幻。

只是她仍是爱玲，无论多么沉寂，她仍然是那个敏感的女子，有时还是会被莫名的孤独所伤。多亏有炎樱在不经意间走进她的生活，她不再是踽踽而行的孤身一人，那如影随形的孤单，也渐行渐远。

炎樱是个可爱的锡兰姑娘，本名莫娅，炎樱是张爱玲为她取的中文名字，是张爱玲的专属名字。炎樱皮肤黝黑，身材娇小，五官分明。她乳丰臂肥，没有线条，时时都有发胖的危险，只是她是乐观直爽之人，丝毫不以为意。她说，“两个抱满怀胜过不满怀”。

她幽默淘气，她热情如火，她野蛮有趣。她在报摊上翻阅报刊，却通通不买，但对报贩讽刺的“谢谢你”，却安然狡黠地答曰“不要客气”。她在买东西时，为了抹掉些零头，便把皮包的内里掏出来，可怜兮兮地说：“你看，没有了，真的，全在这儿了……”

她是带着孩子气的姑娘，可爱有趣，使爱玲退去了些许冷淡和忧郁，为她的人生添上一缕绚烂的云霞。后来，爱玲写了《炎樱语录》，记录这个总能带来欢声笑语的知己好友，她是爱玲生命中浓重到不可或缺的一笔。

她们一起逛街，一起看电影，一起买零食，一起穿着爱玲自制的奇装异服招摇过市，一起漫步在校园中，说些悄悄的心事。一群没有家的孩子，她们也只能将寂寥释放在欢闹中了。

炎樱何其有幸，成了爱玲寥寥知己中的一个，爱玲也何其有幸，在寂寥的香港，遇到这个热情开朗的姑娘。

“月亮叫喊着，叫出生命的喜悦；一颗小星星是她的羞涩的回声”，炎樱曾在花树下，认真地对爱玲说：“每一个蝴蝶都是从前的一朵花的鬼魂，回来寻找她自己。”这句富有诗意和哲理的言语，让爱玲感动不已，原来她不只是快乐的精灵，她懂得自己冷淡外表下那颗柔软精致的心。

她为炎樱哭过，平生只哭过两次的她，一次便是为了炎樱。

那是一年暑假，炎樱不知为何，没有等她便回了上海，得知炎樱已经走后，从不牵愁惹恨的张爱玲倒在床上，号啕大哭。

君子之交淡如水，只是哭过之后，一切如初。她仍是她惺惺相惜的知己，在一起时便形影不离，不在一起时便淡淡怀念。

她们共爱绘画，一个构图，一个上色，珠联璧合，亲密无间。爱玲为炎樱画肖像，炎樱为爱玲的小说集《传奇》设计封面，甚至在后来，还为胡兰成的杂志设计过封面。

张爱玲喜欢炎樱新巧灵动的构思，那幅全是不同蓝与绿的封面，让她遐思无限。“沧海月明珠有泪，蓝田日暖玉生烟”，在蓝绿交相辉映间，她想到了李商隐，也想到了深爱着蓝与绿的母亲。

她说：“问母亲要钱，起初是亲切有味的事，因为我一直是用一种罗曼蒂克的爱，来爱着我母亲的……可是后来，在她的窘境中三天两头伸手问她拿钱，为她的脾气磨难着，为自己的忘恩负义磨难着，那些琐屑的难堪，一点点地毁了我的爱。”

只是母亲并不懂得爱玲那些窘迫的情绪，有一年她在香港短暂停留，却没有对久未相见的女儿言之切切，也没有解开行囊为爱玲留下些生活费，她只是流连在香港的各种场合，甚至把佛朗士教授私下里授予爱玲的八百港元奖学金在牌桌上输掉了。

或许骨子里都是清冷之人，不懂得不经意间的伤害，会留下多么难挨的伤口。这一次，她对母亲失望了，心中充满着无尽的感伤。

她背离光阴，行走在红尘陌上。日夜荒芜，世事沧溟，如何才能走得云淡风轻？

别了，英格兰之梦

每一座城，都有属于它的美妙故事和明媚色彩。香港，这座如孤岛般耸立的城，那时作为英殖民地，隔了国度，山长水远。

她在《倾城之恋》中写道：“望过去最触目的便是码头上围列着的巨型广告牌，红的、橘红的、粉红的，倒映在绿油油的海水里，一条条、一抹抹刺激性的犯冲的色素，窜上落下，在水底下厮杀得异常热闹。”

看惯了高楼林宇的她，深知繁华世景只是过眼云烟。但香港还是留住了她，虽然只是短短三年，但还是给这个绝尘女子，刹那芳华。

在香港，除了与炎樱那份惺惺相惜的友谊外，有一件事虽然不能说刻骨铭心，但也让她久久不能忘怀。那便是她为了参加《西风》杂志创刊三周年的征文大赛，唯一一次用中文写的一篇文章——《我的天才梦》。

那一年，她19岁。3年间，她一心只读圣贤书，每次家书皆是英语造就。这一次，是个例外，而这次例外，造就了她早期作品里最出色、最著名的一篇。

我是一个古怪的女孩，从小被目为天才，除了发展我的天才外别无生存的目标。然而，当童年的狂想逐渐褪色的时候，我发现我除了天才的梦之外一无所有——所有的只是天才的乖僻缺点。世人原谅瓦格涅的疏狂，可是他们不会原谅我。

……

生活的艺术，有一部分我不是不能领略。我懂得怎么看“七月巧云”，听苏格兰兵吹bagpipe，享受微风中的藤椅，吃盐水花生，欣赏雨夜的霓虹灯，从双层公共汽车上伸出手摘树巅的绿叶。在没有人与人交接的场合，我充满了生命的欢悦。可是我一天不能克服这种咬啮性的小烦恼，生命是一袭华美的袍，爬满了蚤子。

她是古怪的天才，乖僻孤冷，与世间疏离。当别人在镜子前风姿万种地打量着华美的旗袍时，她只在远处，冷冷地看，沉默无言。“生命是一袭华美的袍，爬满了蚤子”，这句话早就干脆利落地盘旋在她心间。

她是粉黛春秋里的传奇神话，只是美得太过犀利，让人不敢直视。这篇文章寄出后，没多久便收到杂志社的通知，说她得了首奖。那时她是开心的，“就像买彩票中了头奖一样”，只是不知为何，在正式公布的获奖名单里，她成了十三名，成了“有荣誉地提及”。 不得不承认张爱玲是一个有才华，而又勇于向众人展现自己才华的女孩。

“《西风》从来没有片纸只字向我解释。我不过是个大学生。”爱玲如是说。许多年后，她也这样写过：“《我的天才梦》获《西风》杂志征文第十三名名誉奖。征文限定字数，所以这篇文字极力压缩，刚在这数目内，但是第一名长好几倍。并不是我几十年后还在斤斤较量，不过因为影响这篇东西的内容与可信性，不得不提一声。”

她从来不是向往唯美之人，也从来不是张扬跋扈的女子。这一次她耿耿于怀至此，皆是因为太过珍爱。只是如今看来，那所谓的获奖都只是云烟过眼，得以永恒的还是那书卷中散发出的无穷香气和韵味。《天才梦》成了张爱玲早年时代的“压卷之作”。张爱玲的人生随着民国的脚步渐渐远去，但是她的魂却深深地扎根在人们的心中。

在港大，爱玲只求安然度过。香港于她，只是一个暂时的栖身之所，一个退而求其次的过客，那个绚烂的英格兰之梦在前方等着她。

只是春水东流雁北飞，破碎总是来得太过轻易。岁月给得起绚烂的梦想，也同样可以不费吹灰之力地榨干一切。

1941年12月，太平洋战争爆发了，全世界都在打仗，香港如何例外？18日，日本军队与英国殖民者交锋，一场战乱无情地降临，爱玲那罗曼蒂克的英格兰之梦，被突然的炮声惊动，只留些许余温。

她说：“整个世界像一个蛀空了的牙齿，麻木木的，倒也不觉得什么，只是风来的时候，隐隐的有一些酸痛。”

花开花谢，缘起缘灭，身处乱世，冷酷的战争带来波澜壮阔的苍凉。风萧萧，雨凄凉，在轰隆的炮声里，房塌了、楼陷了，四处皆是如无头苍蝇般奔走的人群，尖叫着、悲号着，躲避着虎视眈眈的追击……

后来，她在《烬余录》中如是写道：

有个宿舍的女同学，是有钱的华侨，非常讲吃穿，对于社交上的不同场合所需要不同的行头，从水上跳舞会到隆重的晚餐，都有充分的准备，但是她没想到会打仗，初得到开战的消息时，最直接的焦虑是："怎么办呢？没有适当的衣服穿！"后来，她借到一件宽大的黑色棉袍，大概以为这比较具有战争的庄严气氛，战时重庆的汪府官太太也是人身一件黑大氅。

……

艾芙林，是从中国内地来的，身经百战，据她自己说是吃苦耐劳、担惊受怕惯了的，可是学校邻近的军事要塞被轰炸的时候，她第一个受不住，歇斯底里地大哭大闹，说了许多发生在内地的可怕的战事故事，把一旁的女学生吓得面无人色。宿舍的存粮眼看要吃完了，于是艾芙林变得特别能吃，并且劝大家都要努力地吃，因为不久便没得吃了，吃饱了便坐在一边饮泣，因而得了便秘症。

众生百态，繁繁总总，在战争的浮面下，有的惊慌，有的滑稽，每个人的一贯本性开始渐渐显露。只是在一片兵荒马乱间，还是有人一如往昔地活着，波澜不惊，怡然自得，那便是炎樱。

只有炎樱是最从容最大胆的，她在流弹中，泼水唱歌，满不在乎，仿佛是对众人的恐慌的一种嘲讽，在漫天的炮火里，那歌声简直是亮烈而振聋发聩的。有同学抱怨："我本来打算周游世界，尤其是想看看撒哈拉沙漠，偏偏现在打仗了。"炎樱却笑嘻嘻安慰："不要紧，等他们仗打完了再去，撒哈拉沙漠大约不会给炸光了的。我很乐观。"

炎樱的胡搅蛮缠和乐观机智，令张爱玲不禁莞尔一笑。"她的不在乎仿佛是对众人恐怖的一种讽嘲"，炎樱是单纯乐观的姑娘，这份单纯与乐观让她俏皮地不在乎，诙谐地幽默着，她一直是快乐的天使。

而爱玲的不在乎，是风雨过后的沉淀。世间沧桑她看过太多，人生起落本是寻常。战火纷扰，是香港城的劫，也是她命中注定的劫，她虽心怀抱怨，却多了几分司空见惯的波澜不惊。她说："我们对战争所抱的态度，可以打个譬喻，是像一个人坐在硬板凳上打瞌睡，虽然不舒服，而且没完没了地抱怨着，到底还是睡着了……"

因为战争，港大停止了办公，本地学生归家，异地学生为了膳宿，只得参加守城工作。张爱玲随着大批的外地同学，来到防空总部报了名，做了一名临时看护。当他们领了证章出来，便遇上了轰隆隆的空袭，一群人乱成一锅粥，纷纷跳下电车，朝人行道的门洞奔去。

对大多数人而言，香港只是一个繁华的荒漠，皮之不存，毛将焉附。爱玲挤在一洞黑压压的人间，鼻腔充斥着难挨的脑油气味，眼睛透过黑压压的头顶，望向街心那辆被阳光笼罩的空电车。战争太过残酷，带走那份明媚的岁月静好，连阳光下单只的电车都只剩下原始的荒凉之感。

她不怕死，只是在一群陌生人间被炸得稀烂的场面还是让她怅然。“摸地！摸地！”一声命令般的声音打断了她的遐想，她费力地蹲在人海之间，用防空员的铁帽罩住头。轰隆隆的飞机如离弦般的箭向下扑来，砰的响声在头顶传来，她头昏脑涨了好一会儿，才知道自己没有死，原来炸弹落在了对街。

一日她回到学校，听到了港大历史教授佛朗士被枪杀的消息。那个玩世不恭的英国男人，那个私下里授予自己奖学金的好好先生，就这样死了，还是死在了自己同胞的一颗枪弹之下，这着实震惊了爱玲。突然，心底一阵伤感，自己竟会死在这群陌生人之间吗?

她还记得一个礼拜前，佛朗士那鲜活的声音对她们说：“下礼拜一不能同你们见面了，孩子们，我要去练武功。”可如今，“练武功”送了他的命。战火硝烟下，生存太过艰难，死亡又来得太过轻易，生命成了飘忽在半空中的一缕游丝，空虚无定，无牵无挂。

只是战争总有结束的时候，笼罩香港的这场仗，来得突然，去得迅速，仅仅十八天，便退去了乌云，消逝了风雨。只是十八天，却漫长得恍如一个世纪。她说：“围城的十八天里，谁都有那种清晨四点钟的难挨的感觉——寒噤的黎明，什么都是模糊，瑟缩，靠不住。”

香港彻底沦陷，英国政府撤离，这座宛若孤岛的城，成了日寇的天下。只是那又怎样呢，说到底，于香港来说，只是换了一个殖民者而已，那些惶惶不可终日的港岛人民暂且活了下来。

张爱玲说："到底仗打完了。乍一停，很有一点弄不惯，和平反而使人心乱，像喝醉酒似的。看见青天上的飞机，知道我们可以尽管仰着脸欣赏它而不至于有炸弹落在头上，单为这一点便觉得它很可爱……"

1942年夏天，爱玲与好友炎樱一起离开了香港。乱世动荡间，由英国人主办的香港大学停办了，她再无栖身之所，只得怅然离开。三年，港大的岁月便仓促结束，那筹划了许多年的英格兰留学计划，化作了一堆虚无的泡沫。

别了，英格兰之梦。

诀别，匆匆。她在《倾城之恋》中这样写道：香港的陷落成全了她。但是在这个不可理喻的世界里，谁知道什么是因，什么是果？谁知道呢，也许就因为要成全她，一个大城市倾覆了。

命运缱绻，会否为了成全她在上海的文学梦和缠绵情，一座城在瞬间倾覆？

横空出世

阔别三年，她风雨归来。上海，依旧是那个高楼林立、霓虹闪烁的东方巴黎。她站在街头，望着川流不息的人群，竟生出些许久违的感觉，还是回来了。原来这便是故乡，爱不得，恨不得，最后只能回得。

3年，说长不长，说短不短，无法让一座风华正茂的城染上沧桑，也无法轻易改变一个女子的容颜。只是在姑姑茂渊和弟弟子静眼里，她长发披肩，衣裳艳丽，成了清瘦高挑的时尚女郎，成了飘逸美丽的文雅女子。

只是那份清冷孤傲之色，依旧存在骨子里，如影随形。

或许这就是她。无论世界如何改变，只要那份刻在骨子里的清冷色彩还在，她便仍是她，是那个会让人不知不觉爱上的神奇女子。

有炎樱的陪伴，她的伤感少了许多。世事理所当然地悄悄转换，当命运再次把她推向这座城时，她无从选择。母亲去了新加坡，父亲那里，存了太多伤痛的回忆，姑姑租住的爱丁顿公寓，便成了她的落脚之处。她说："公寓是最理想的逃世地方。"

那是一个温暖的地方，有着暖暖的壁炉、典雅的沙发和大大的落地灯，不远处还有百乐门舞厅。有时，她站在阳台上，俯瞰整个上海城，有时，她端着酒杯，静静聆听在黑夜里弥漫着的怀旧风情音乐。这样的日子，有着细水长流的安逸，仿佛时间已失去意义。

她说："现在我寄住在旧梦里，在旧梦里做着新的梦。阳台上看见毛毛的黄月亮。古代的夜里有更鼓，现在有卖馄饨的梆子，千年来无数人的梦的拍板：'托，托，托，托'——可爱又可哀的年月呵！”

只是安逸是有资本的。当来看望自己的弟弟问及未来打算时，她默然了。港大没有毕业，她想要转到圣约翰大学，拿一纸文凭，也算是对漫长求学生涯的一点交代。只是她没有钱，除了一身傲骨和满腹才华，她一无所有。

姑姑手头并不宽裕，生活也很清淡。而父女情分早就少得可怜，她虽然不恨他，但也爱不起来，纠结太深，父亲成了她心底最深处的伤疤，沉淀太久，早已被墨绿的苔藓覆盖，一丝一缕，都泛着湿意和感伤。

原本考上复旦中文系的弟弟子静，也因为太平洋战争停课作罢，知道姐姐爱玲的想法后，便决定与她一起考圣约翰大学。而学费的问题，他替爱玲找了父亲。或许是多年的沉淀，张廷重开始后悔当年对女儿的做法，或许是他终被爱玲的才情打动，他同意了，虽然他早已不再富裕。

爱玲回了家，现在已经不是那座宽敞的老宅，而是一座小巧的洋房，时间还是改变了一些东西。她宛如一个闯入者，小心翼翼地感受着周遭的陌生气息，这里早就没了她的位置。

一切皆是淡淡然，她与父亲交谈，没有寒暄，寥寥数语间，彼此没有笑容，神情淡漠。“那是姊姊最后一次走进家门，也是最后一次离开。此后，她和父亲再也没有见过面。”张子静如是说。如此决绝、如此无情，只是当亲情泯灭，谁更决绝，谁更无情，谁更心痛？

日子总会有些跋山涉水的艰难，不过还好，生活继续，还有太多生生不息的风景，供她赏阅。有了父亲资助的学费，她如愿转学到圣约翰大学文学系四年级。她不止可以与同入经济系一年级的弟弟时时相见，还遇见了炎樱，那份在香港收获的甜蜜友情，在上海也找到了发芽的土壤。

只是在转学考试间，发生了一个让人啼笑皆非的小插曲，那便是她的国语成绩不及格，需要进补习班，这是一件连她自己都觉得滑稽可笑的事情。她的中学老师更为之愤愤不平："如张爱玲的国文入补习班，则请问有些大人先生该编入何年级？"

或许是在香港的3年，从来只用英文写家书的她对国文太过生疏。不过还好，开学没多久，她便从国文初级班跳进了高级班，并且，也因此重拾文学的五彩笔，随心所欲地挥洒自己的思想。

父亲给了学费，却没有给生活费。在圣约翰大学，她常常囊中羞涩，只得用英文写些自己感兴趣的服装、评些自己看过的电影，寄给《泰晤士报》和英文杂志《二十世纪》，得一笔丰厚的稿酬，养活自己。她说："用别人的钱，即使是父母的遗产，也不如用自己赚的钱来得自由自在，良心上非常痛快。"

她寄给《二十世纪》杂志社的第一篇文章便是极为有名的《中国人的生活与服装》（*Chinese life and fashions*）。她洋洋万言，用流利新颖的英文风格描述着属于东方人的服装风尚，并亲手描绘了12幅服饰的插图。主编梅涅特看后欣喜不已，叹为观止，在1943年第1期杂志上隆重推出。

对爱玲，梅涅特丝毫不吝啬赞美之词。他说她是“有能力向外国人诠释中国人”的东方女子，他赞她是一个“极有前途的青年天才”。

从此后，爱玲成了《二十世纪》的撰稿人，几乎每期杂志上都会有她的文章。而这第一篇投稿文字，后来被她翻译为中文，并更名《更衣记》，发表于《古今》杂志之上。其中她写道：“中国男子的生活比女子自由得多，但衣服上恰恰相反，单凭这一点，我就不愿做一个男子。”

幸运总是在毫无防备时突然袭来，让人始料未及，欣喜难言。努力学习英语没有白费力气，用英文写作，让她开始真正走上了文学之路。写作成了她谋生的职业，她仿佛是为写作而生的，她说，“苦虽苦了点，我喜欢我的职业”。

写作于她是件水到渠成的幸福之事。她享受着这漫长的春种秋耕，用隐藏在那清冷外表下的滚烫内心，将回忆、才情和灵感织就成一张张美丽的文字之网，在锣鼓喧天的繁闹中，收获一场场文字盛宴。

那年春天，除了用英文给英文报刊撰稿外，她也开始了小说创作。这一次，她用中文的五彩之光，造就两炉沉静之香，叩开了寂寞许久的上海文坛大门。

一个依旧春寒料峭的下午，爱玲来到了一所幽静雅致的花园洋房前，叩响了鸳鸯蝴蝶派老作家周瘦鹃家的门铃。“画蝴蝶于罗裙，认鸳鸯于坠瓦”。周瘦鹃先生，笔名紫罗兰庵主人，是鸳鸯蝴蝶派“五虎将”之一，也是她与姑姑一直在看的杂志《紫罗兰》的主编。

一个如蝴蝶般轻盈的小姑娘前来应门，那便是周瘦鹃的小女儿。她先请爱玲进去，便飘到书房，将爱玲带来的书信递给正在紫罗兰的袅袅青烟间想着心事的父亲，说：“楼下有位姓张的女子来访。”

周瘦鹃漫不经心地拆开信，却发现是自己的旧识黄岳渊老园艺家的亲笔介绍信。于是他下楼来，那在鹅黄缎半臂旗袍下亭亭玉立的张爱玲，便第一次出现在他的面前。

见着来人，爱玲赶紧起身，毕恭毕敬地行了礼。本是清冷之人，不喜人际，不善言辞，她只拘谨地坐着，先生问一句，她便答一句，宛如小学生般。当先生问及她的情况时，她才将来意娓娓道来：

“给《泰晤士报》写过些剧评影评，也给《二十世纪》杂志写过一些文章；中文的作品，就只从前给《西风》写过一篇《天才梦》；最近才又重新开始中文写作，写了两个中篇小说，是讲香港的故事，想请教老师。”

说话间，爱玲从早就备下的纸包里拿出两本稿簿，毕恭毕敬地递到周先生面前。他笑着接过，随手翻开，“第一炉香——沉香屑”的标题跃然眼前。一见清新，一见倾心，只一眼，他便觉别致有味，便对爱玲说：“不如把稿本先留在我这里，容细细拜读。”

他们漫无边际地交谈，风轻云淡。时间在不知不觉间悄悄滑落，爱玲起身告辞时，已是一个多钟头以后了。一个钟头，一老一少，虽然没有促膝，但也算是深谈了。

张爱玲开篇写道："请您寻出家传的霉绿斑斓的铜香炉，点上一炉沉香屑，听我说一支战前香港的故事。您这一炉沉香屑点完了，我的故事也该说完了。"当夜，在沉香的袅袅烟雾间，周瘦鹃挑灯读起了爱玲的小说，这一读便是不能释手，读完整个故事后他被深深吸引住了。

恩恩怨怨，男男女女的缠绵爱情故事，这位多愁善感的风流才子看过太多，也写过太多，平庸烂熟的故事早已不能引发共鸣。而爱玲的两篇《沉香屑》，烧到了他的心坎，畸形社会的畸形情爱，繁华都市的荒凉之悲，他只觉她轻描淡写的文字带着贵族的格调，像极了英国作家毛姆，并且还隐隐有些《红楼梦》的影子。

意气相投，惺惺相惜。一个礼拜后，当爱玲再来时，他便问她是否乐意将其发表于《紫罗兰》之上，这个以写作为生的女子，自是一口应允。

《紫罗兰》复刊号出版了，爱玲的这炉香被安排在了最重要的位置。周瘦鹃编者话里高调地向读者推荐："如今，我郑重地发表了这篇《沉香屑》，请读者共同来欣赏张女士一种特殊情调的作品，而对于当年香港所谓高等华人的那种骄奢淫逸的生活，也可得到一个深刻的印象。"

第一炉香还未烧完，她的才情便引起了整个上海滩的赞叹，那带着迷香的雾气与清丽，迷倒了一个个男男女女。当人们还沉浸在沉香的第一炉香气中时，第二炉香已相继点燃，这炉香清冷依旧、奇丽依旧，不知不觉，便令人钻到故事里去。

在两炉沉香屑的袅袅烟雾间，张爱玲横空出世。她的出场，让寂寞得恐怖的文坛，变得耐人寻味。她红了，彻彻底底，宛如她笔下盛放的杜鹃花，灼灼的红色，一路摧枯拉朽烧下山坡子去了。

粉墨春秋

她说："出名要趁早呀，来得太晚的话，快乐也不那么痛快。个人即使等得及，时代是仓促的，已经在破坏中，还有更大的破坏要来。"

那一年，她23岁，正是风华绝代时，她用自己极其细腻的内心，将生活的琐事写得百转千回，耐人寻味。那些被遗落在角落的五味杂陈的旧事，被她轻轻翻阅细细收集，用如碎裂奔腾的冰河般倾泻的才思，写出一个个饱含岁月气息的故事。

"车过了湾仔，花炮啪啦啪啦炸裂的爆响渐渐低下去了，街头的红绿灯一个赶一个，在车前的玻璃里一溜就黯然灭去，汽车驶入一个黑沉沉的街巷，乔琪没有朝她看，就是看也看不见，可是他知道她一定是哭了，他把自由的那只手摸出香烟夹子和打火机来，烟嘴儿衔在嘴里，点上火，火光一亮，在那凌冽的寒夜里，他的嘴上仿佛开了一朵橙红色的花，花立即谢了，又是寒冷与黑暗。”

张爱玲用清丽凉薄的文字，写一个个寂寞婉转的故事，宛如一个人情练达的老者，字字珠玑，煮字疗饥。她以一副置身事外的姿态，轻轻描绘红尘百态，她是寂寞的天才，用文字完成着对自我的救赎，也救赎着一个个寂寞无助的灵魂。

因为《沉香屑》，她在春寒料峭时分结识了周瘦鹃先生，也因为《沉香屑》，她在暑气升腾的七月与文坛另一位传奇人物柯灵一见如故。

柯灵原名高季琳，浙江绍兴人，鲁迅先生的同乡，也是先生的追随者之一。他是以写剧本和杂文而成名的新文学作家，后来长期从事编辑工作。初见张爱玲时，他刚刚接手成为《万象》杂志的主编。

柯灵想要用这本杂志，为日渐衰竭的文学阵地注入鲜活的能量，便一直在留意着新起的作家。当他偶尔翻阅《紫罗兰》杂志时，无意间发现了那一炉被爱玲点燃的《沉香屑》，张爱玲这个名字也闯入了他的心中，他想要约见这位文坛新起之秀，却又怕太过冒昧，扰她清静，他知她是不同的。

天遂人愿，在酷热难耐的暑气里，一袭淡雅碎花旗袍的张爱玲，出现在了隐在小弄堂里的《万象》编辑室。她来了，宛如心有灵犀般，带来一缕清凉的风。

他们愉快交谈，宛如再次重逢的旧时好友。后来柯灵先生回忆说："我就在这间家庭式的厢房里，荣幸地接见了这位初露锋芒的女作家……会见和谈话很简短，却很愉快。谈的什么，已很难回忆，但我当时的心情，至今清清楚楚，那就是喜出望外。虽然是初见，我对她并不陌生……"

她将一卷新作的《心经》手稿及亲笔画的插图交给他，他诚挚地邀请她为《万象》写稿，一切简单自然，水到渠成。

柯灵说："我扳着指头算来算去，偌大的文坛，哪个阶段都安放不下一个张爱玲；上海沦陷，才给了她机会。日本侵略者和汪精卫政权把新文学传统一刀切断了，只要不反对他们，有点文学艺术粉饰太平，求之不得，给他们什么，当然是毫不计较的。天高皇帝远，这就给张爱玲提供了大显身手的舞台。"

著名文艺评论家傅雷先生也说："在一个低气压的时代，水土特别不相宜的地方，谁也不存在什么幻想，期待文艺园地里有奇花异卉探出头来，然而天下比较重要的一些事故，往往在你冷不防的时候出现。——张爱玲女士的作品给予读者的第一个印象，便有这情形。"

机遇也好，巧合也罢，无论如何，她的文字得到了时代的认可，也创造着一个新的时代。经由柯灵，她开始陆陆续续在《万象》上发表小说和散文，《心经》《琉璃瓦》《连环套》《到底是上海人》……

后来，爱玲就小说集《传奇》的发表向柯灵询问意见，柯灵言辞切切，希望她不要急于求成，静候时机，并恳切地强调，以她的才华，不愁不见于世。

只是她知出名要趁早，于是她坦率地向柯灵回信说自己趁热打铁的主张。未来与过往，皆是虚无缥缈的东西，她是真实直接的女子，只想要活在当下，过自己喜欢的生活，坦坦荡荡，清清楚楚。

《传奇》的初版本诞生了，这是爱玲的第一部创作集，出版社为《杂志》。《杂志》是有日伪背景的党派刊物，但张爱玲不是鲁迅，也成不了胡兰成，在她的世界里只有文学风情，没有政治风华。她只知《杂志》的名气与财力，是成就一切的风帆，是创造奇迹的助力。

所以，当有中共背景的柯灵委婉地提醒她时，她只是一笑置之。柯灵说："张爱玲在写作上很快登上灿烂的高峰，同时转眼间红遍上海。这使我一则以喜，一则以忧。因为环境特殊，清浊难分，很犯不着在万牲园里跳交际舞。"

柯灵是好意，他懂得政治的残暴，害怕这样的才女被这场风暴所伤。只是他终究无法完全懂得，爱玲的世界。所以他只能如是说："我有点暗自失悔：早知如此，倒不如成全了中央书店。"

有些选择，只是选择，无关对错。所以他只是失悔自己的决定，也只能失悔自己的决定，对爱玲，终不会苛责太多。这般如梅花般清香冷冽的女子，让柯灵青睐有加，那份不管世事不谈政治的勇往直前，也带着几分倔强的可爱之气。

爱玲选择了《杂志》，在某些意义上终是对的。《倾城之恋》《金锁记》《花凋》《红玫瑰与白玫瑰》《创世纪》……她此后的大部分作品，在《杂志》煞费苦心的不遗余力下，陆陆续续被推出，在文艺界燃起了红极一时的焰火。

她火了，短短几个月便人尽皆知，成了上海滩沦陷时期最耀眼的明星。她是惹眼的娇艳玫瑰，穿着大胆另类的旗袍，出席各种公共场所，散发自己妖娆的香气。这便是张爱玲，活得肆意，活得倾国倾城。

时光是最抓握不住的东西。白驹过隙，似水流年，红了樱桃，绿了芭蕉。1943年和1944年两年更被上海文坛誉为“张爱玲年”。她虽不喜欢这样赤裸裸的褒奖，但这个横空出世的女子，只属于传奇。

她是值得的。她用异香扑面的文字，创造了一个个清新醒目的粉墨春秋，用最质朴的方式，告诉世人，一切都是值得的。

“他不过是一个自私的男子，她不过是一个自私的女人。在这兵荒马乱的时代，个人主义者是无处容身的，可是总有地方容得下一对平凡的夫妻。”她写《倾城之恋》，用香港的沦陷成全一段倾城的恋情。在文字的世界里，她是人情练达的睿智老者，发出直达人心的喟叹。

“娶了红玫瑰，久而久之，红的变成墙上的一抹蚊子血，白的还是‘床前明月光’；娶了白玫瑰，白的便是衣服上的一粒饭渣子，红的却是心口上的一颗朱砂痣。”她写《红玫瑰与白玫瑰》，一语道破爱情衷肠。她终是不信爱情的，这东西，不过是来时鲜艳烂漫，时间一长便成过期残败的花朵而已。

那个曾经在院子里荡秋千的小女孩已经随着岁月的流逝而长大成人了，飘飞的裙裾变幻成半绻的长发。她是遗世独立的玫瑰，写着人间情爱，示人世上烟火，却总是一副事不关己的清冷之色，带着遥不可及的神秘之感，孤高地立于文坛巅峰，成了与苏青、潘柳黛、关露齐名的“文坛四大才女”之一，在上海滩的寂寞文坛风靡一时。

古有李清照，今有苏青，张爱玲欣赏着这位伟大单纯的“大胆女作家”，在《我看苏青》里她如此写道：“低估了苏青的文章的价值，就是低估了现代的文化水准。如果必须把女作者特别分作一栏来评论的话，那么，把我同冰心白薇她们来比较，我实在不能引以为荣，只有和苏青相提并论我是甘心情愿的。”

苏青也欣赏着张爱玲，她说：“我读张爱玲的作品，觉得自有一种魅力，非急切地吞读下去不可。读下去像听凄幽的音乐，即使是片段也会感动起来……”

她用独有的清冷言语，谱出一段段粉墨春秋，写尽世间的红男绿女。只是，是否有那么一个人，打开她虚掩着的心门，从尘埃里开出花来？

第四章

一场华丽的情缘·倾城之恋

流苏拥被坐着，听着那悲凉的风。她确实知道浅水湾附近，灰砖砌的那一面墙，一定还屹然站在那里。风停了下来，像三条灰色的龙，蟠在墙头，月光中闪着银鳞。她仿佛做梦似的，又来到了墙根下，迎面来了柳原。……在这动荡的世界里，钱财、地产、天长地久的一切，全不可靠了。靠得住的只有她腔子里的这口气，还有睡在她身边的这个人。她突然爬到柳原身边，隔着他的棉被，拥抱着他。他从被窝里伸出手来握住她的手。他们把彼此看得透明透亮，仅仅是一刹那的彻底的谅解，然而这一刹那够他们在一起和谐地活个十年八年。

他不过是一个自私的男子，她不过是一个自私的女人。在这兵荒马乱的时代，个人主义者是无处容身的，可是总有地方容得下一对平凡的夫妻。

——张爱玲 · 倾城之恋

哦，你也在这里吗

这是真的。

有个村庄的小康之家的女孩子，生得美，有许多人来做媒，但都没有说成。那年她不过十五六岁吧，是春天的晚上，她立在后门口，手扶着桃树。她记得她穿的是一件月白的衫子。对门住的年轻人同她见过面，可是从来没有打过招呼，他走了过来。离得不远，站定了，轻轻地说了一声："噢，你也在这里吗？"她没有说什么，他也没有再说什么，站了一会儿，各自走开了。

就这样就完了。

后来这女人被亲眷拐子卖到他乡外县去做妻，又几次三番地被转卖，经过无数的惊险的风波，老了的时候她还记得从前那一回事，常常说起，在那春天的晚上，在后门口的桃树下，那年轻人。

于千万人之中遇见你所遇见的人，于千万年之中，时间的无涯的荒野里，没有早一步，也没有晚一步，刚巧赶上了，那也没有别的话可说，唯有轻轻地问一声："噢，你也在这里吗？"

这是一个辛酸的故事梗概，有世间最简单也最难参透的名字——《爱》。张爱玲用这最最空灵缥缈、不着痕迹的文字，诉说着爱的柔软质地，即使是偶然相逢间留下的遗响，历经沧桑后，却成了时间无涯荒野里最质朴娇艳的杜鹃花。

这是真的，开篇张爱玲便用如此直白的方式表达。这是一个真实的故事，故事里的女孩是胡兰成的发妻庶母，这是她从他那里听来的故事。这是真的，心真情也切。那个岁月，并不静好，现世亦自是不安稳，并不是适合爱恋的岁月，倒是兵荒马乱、时局动荡的。

她说："我要你知道，在这个世界上总有一个人是等着你的，不管在什么时候，不管在什么地方，反正你知道，总有这么个人。"面对爱情，爱玲不过是世间寻常的女子，有着执着到万劫不复的相信。只是爱情于她，是一场逃不脱的劫，只因她没有早一步，没有晚一步，刚巧赶上的人是胡兰成。

爱是热，被爱是光。

胡兰成，浙江嵊县下北乡胡村的一个贫寒人家子弟，只与平凡的妻，浸在粗茶淡饭的平凡里。只是生逢乱世，他恃才傲物，不甘屈居乡野的碌碌生活，于是他在21岁那年去了北平，几年后他还是回了家，做了几所专科学校的教书匠。

或许那时候，他想过就这样一辈子，虽然胸中抱负难平，但在如水的时光里守着一份清贫的现世安稳，他也生出几分坦然的满足。只是天有不测风云，他的发妻病逝了。为安葬亡妻，他不停奔波，四处借钱，可是到头来，只换来了无尽的白眼和奚落，他的心凉了，彻彻底底。

他说：“我对于怎样天崩地裂的灾难，与人世的割恩舍爱，要我流一滴眼泪，总也不能了。我幼年时的啼哭，都已还给了母亲，成年的号泣，都已还给了玉凤，此心已回到了如天地之不仁！”

如此冷漠决绝的言语，让局外人读了都觉心寒，那局内的爱玲更待如何？他是一粒来无影去无踪的缥缈微尘，只是为何偏偏，是胡兰成这个年长她14岁的男人，成了闯入爱玲感情世界的不速之客，生出一段缠绵的情谊？

发妻死后，他辗转在各个城市，为生存四处谋职，只是浸在穷苦间的他心浮气躁，再也品不到那份怡然的安稳。那无尽的白眼和奚落，杀死了那个守着清贫过日子的胡兰成，或者是给了他杀死这样的胡兰成的借口。

1936年，他应第七军军长廖磊之聘，兼办了《柳州日报》。只是两广兵变，廖磊失败，胡兰成也因在报上鼓吹抗日必须与民间起兵气运相和，被第四集团军司令部监禁了三十三天。

1937年，他被聘为《中华日报》的主笔，上海与他的关联始于此。1938年初，他被调到香港，任《南华日报》总主笔，汪精卫之妻陈璧君去香港时，还亲自增他薪水，又另赠了他两千元的机密费。此后，他好运频频，地位节节高升，不久便又回了上海，成了《中华日报》的总主笔。

长于风云乱世，他因为满腹的聪明学问和一手漂亮的文章，成了风流倜傥的才子，成了狂狷自负的文人，成了汪精卫手下得力的文将。那些清贫过往成了一场梦，成了惨淡泛黄的旧事，他再也不想提及。

只是官场浮沉，世事难料，他因结识了日本使馆的官员池田笃纪，被汪精卫拉下马，直接扔进监狱，后因日本军政要人的干预，才算逃离了那噩梦般的监狱生活，只是他辉煌的政治生涯，再也寻不回了。

种种功贵，宛如南柯一梦，那灿若烟花的香车宝马，就这样随着烟花消散，他再次一无所有。

他便是在这样挫败的时候遇见了她，一代风华才女张爱玲。

一个暖阳普照的冬日，赋闲在家无所事事的胡兰成，躺在藤椅上，随手翻阅着苏青寄来的《天地》月刊，只一眼，他便寻到了张爱玲那篇名为《封锁》的小说。本以为只是百无聊赖地打发时间，竟在不经意间发现了如此不同凡响的文字，他细致地读完一遍，接下来又一遍，只读得他意犹未尽，拍案叫绝。

缘分是件太过奇妙的事情，不经意间，便种下了因，得到水到渠成的果。从此，他的心里，一个名为张爱玲的名字在他心中枝蔓交错地生长，再也无法放下。

曾经，他在官场浮沉太久，一心只想政治仕途，不知风靡整个上海滩的一代才女张爱玲。今天，他不关心政治，只想她——

一个素昧平生，却觉神交许久的女子。

他提笔写下一篇名为《论张爱玲》的评论文："鲁迅是尖锐地面对着政治的，所以讽刺，谴责。张爱玲不这样，到了她身上，文学从政治走回人间，因此也成为更亲切的，时代在解体，她寻求的是自由真实而安稳的人生。"

只这一段，他便是真正懂她之人。

他兴致勃勃地给苏青写信，只为询问"张爱玲是谁"，他开始收集杂志，只为了张爱玲的只言片语，他等着每一期寄来的《天地》月刊，只为了翻看是否有爱玲的文章……这个多情的才子，因为她的绝世文字，春心迤逦，他爱上了她，沉在了她编织的世界里。

一个男子，爱上一个女子，便是这么容易。那一刻，他愿意为了这个叫张爱玲的女子沉沦，真心实意，发自肺腑。他觉得他是懂她的，在那清秀随意的文字下，他仿佛看到了一个婉约绮丽的女子，她清冷不羁，洒脱飘逸，淡淡几笔便把世界写得通透。

他要去找她，因为他不愿错过这个不一样的女子。胡兰成再次给苏青写信，询问爱玲的住址，只是苏青知道爱玲不喜见人的疏离个性，迟疑着没有给他，只说，"张爱玲是不见人的"。

只是他没有气馁，这一次，他直接从南京杀到上海，去编辑部找苏青要爱玲的地址，直截了当，毫不躲闪。这一次，苏青没有驳他的面子，把地址给了他。

爱的时候，谁还顾得了许多，更何况胡兰成本就是风流多情的浪子。他认定了张爱玲，哪怕隔了万水千山，哪怕只是露水姻缘，也不容许自己错过。命定的偶然让他知她识她，他不愿放她走，在兜兜转转中与她擦肩。

两个人，一个原地驻足，一个疯了似的朝她奔去，在宽大的时空背景里，在没有衬托的天地间，他们终将相遇，不会早一步，也没有晚一步，然后轻轻说一句：

哦，你也在这里吗？

他生未卜今生休

爱是什么，青岩石上的一抹璀璨红色，还是燕儿呢喃中的一杯清茶？对有些人来说，爱情是青烟缭绕的清河长路，是忘不掉的痴，萦绕心头的醉，他生未卜今生休的誓，只是对另一些人来说，爱情只是寂寥生活的一点点缀、一丝消遣。

静安寺赫德路192号爱丁堡公寓六楼六五室。他如愿拿到地址，自是要去的，次日一早，他便去了，兴冲冲地，去得那样急。

这一年，胡兰成38岁，一袭青色长衫，儒雅斯文，他尝过世味，却依旧一副名士风度。他是桃花运极好的才子，有着俊秀的外表、潇洒的姿态和侃侃的口才，深得女子欢心。他在一场场艳遇中自由来去，泪不沾襟，难道在书中邂逅张爱玲，孜孜不倦地找寻她，也只是一时兴起的艳遇吗？

这一年，张爱玲24岁，一件束身旗袍，眉眼清淡，未经世事，却总是随意地书写出一个个刺人脾胃的苍凉故事。她已是名噪一时的传奇女作家，有着不羁的灵魂、敏锐的内心和让人不敢靠近的气场。这一次，胡兰成叩响了那扇紧闭的房门，他生未卜今生休，也叩开了她那颗隐藏在清凉外表下的缭绕心门。

咚咚咚，爱玲的姑姑前来应门，一个儒雅清秀的男子便出现在她的面前，彬彬有礼地说："张爱玲先生在吗？"只是这样的场面她见过太多，早已如常，她以惯有的姿态礼貌地拒绝了胡兰成，便要关闭刚刚开启片刻的门扉，胡兰成只来得及从门缝间隙递上写了自己名字和电话的纸条。

毕竟那时，他只是一个不请自来的陌生人，和张爱玲所有来访的读者没有不同。门关了，他微微叹了口气，便转身离去，眉眼隐在礼帽下，看不真切，只是神态依旧潇洒安然。

只是看到纸条的爱玲，有片刻的怔忪。胡兰成，她是知道他的，从苏青口中的只言片语，抑或上海滩纷繁众多的传闻中。在他锒铛入狱时，苏青和她还曾经一起去找过周佛海，为这位才子求过情，原来，缘分对她也早有安排，胡兰成在她心里也早已刻下了一丝足迹。

次日午后，胡兰成接到了张爱玲的电话，她要来他家回访，这让胡兰成欣喜不已。或许是命中注定，张爱玲这个素日里孤僻冷淡的人儿，为何单单为这个素昧平生的胡兰成，低眉俯身，不止为他求情，还亲自相约来访?

大西路美丽园胡氏之家，她如约而至，穿着一贯的“奇装异服”，带着一贯的清冷神色。胡兰成命侄女青芸刻意把家中打理了一番，便坐在客厅翘首以盼。对于这次相见，他有太多期待，百转千回间，他不止一次地幻想这位能够写出惊世文字的女子，有着怎样的容颜，却只在梦中寻到一抹模糊的影子。

他终于见到了她。“我一见张爱玲的人，只觉与我所想得全不对。她进来客厅里，似乎她的人太大，坐在那里，又幼稚可怜相，待说她是个女学生，又连女学生的成熟亦没有。我甚至怕她生活贫寒，心里想战时文化人原来苦，但她又不能使我当她是个作家。”

她从来不是漂亮婀娜的女子，胡兰成的侄女青芸对初见的张爱玲是这样描述的：张爱玲长得很高，不漂亮，看上去比我叔叔还高了点。服装跟人家是两样的——奇装异服。她是自己做的鞋子，半只鞋子黄，半只鞋子黑的，这种鞋子人家全没有穿的；衣裳做的是古老的衣裳，穿旗袍，短旗袍，跟别人家两样的……

她不是美丽的女子，也不是温柔清纯的可人儿，但她自是与众不同的。这一次，从万花丛间走过的胡兰成，彻底颠覆了对美的定义，风情万种，抑或朴素大方，妩媚妖娆，抑或青春少女，他见过太多，却独独没有见过如张爱玲这般的女子。

“是个观念，必定如此如彼，连对于美的喜欢亦有定型的感情，必定如何如何，张爱玲却把我的这些全打翻了。我常时以为很懂得了什么叫作惊艳，遇到真事，却艳不是那种艳法，惊亦不是那种惊法。”

他依旧被惊艳到了，这个沉静疏远，装扮奇特，不漂亮的鲜活女人，彻彻底底地惊艳了他。她是一个意外，超出了他对女性美的所有想象，她是一朵奇葩，清逸含蓄的外表下，散发着直摄人魂魄的独特气质。

他说：“张爱玲的顶天立地，世界都要起六种震动，是我的客厅今天变得不合适了……她的亦不是生命力强，亦不是魅惑力，但我觉得面前都是她的人……”

她不是漂亮的女子，但从骨子里散发出来的迷人气质，给胡兰成无与伦比的惊艳，令这个行走在风花雪月间的情场老手措手不及。她是这样的女子，哪怕只是静静地坐着，便可以让山河失色、岁月成尘。在他眼里，她被无限放大，成了高大的神明，不敢直视。

他说：“我竟是要和爱玲斗，向她批评今时流行作品，又说她的文章好在那里，还讲我在南京的事情，因为在她面前，我才如此分明地有了我自己。”

他们闲谈，这一谈，便是五个小时。他们聊中日文化差异，品时下流行作品，说看《封锁》的感受，谈儿时烦琐旧事……

他说，小时候发大水时，家人拖儿带女地站在屋顶，看着在水中挣扎漂流的牛羊稻谷，愁苦对泣，而他却对着汤汤洪水引吭高歌，气得母亲破口痛骂："你不是人是畜生！"

寡言少语的爱玲沉静地听着，听到这里，却将炎樱在炮弹中泼水唱歌的事娓娓道来。这一刻，他知道聪明如她，在为他辩护，原来她是这样地懂得，他心里暖暖的，生出几分知交之感。

胡兰成是有故事的男人，走过四季芳华，看过人生转合。她静静听着他的故事，真实独特，性情鲜明。刹那间，她明白他与自己平素所见的那些少经世事的青年男子是那样不同。

他是她从未见过的存在，是连想象中都不曾出现的角色，无法描述，也不能评价。爱玲的心中生出几分无以言说的念想。

胡兰成说："我的惊艳是在懂得她之前，所以她喜欢，因为我这真是无条件。而她的喜欢，亦是还在晓得她自己的感情之前。这样奇怪，不晓得不懂得亦可以是知音。"他是一壶在时光中储藏经年的陈酿，芳香醇正，爱玲不经意间寻到他，便情不自禁地拿起了酒杯，醉倒在那满口溢出的香气间。

这是带着蛊惑的相识相交，两个素昧平生的陌生人，初次相谈甚欢，只恨时光匆匆。本是艳阳高照时，转眼却早已暮色四合，五个小时，竟走得如此快，他们意犹未尽，不舍告别。

只是世上事、人间情，皆如此，天下没有不散的筵席，良辰向晚，只能曲终人散。

他送她，比肩而行，如相识多年的老友。从美丽园到静安寺路，他们穿过外国公墓，却无人在意那累累重重的青白石碑和站在碑上瞪着石白眼珠的小天使。他侃侃而谈，她静静地听着，天地间只剩下他们两个，哪里还顾得上身在何处？

无休无歇的话，可是她并不嫌烦。恋爱着的男子向来是喜欢说，恋爱着的女人向来是喜欢听。

他说："明天我来看你吧。"

询问的语气，却生出约定之意。

他说："你的身材这么高，这怎么可以？"

不经意的一句话，把他们两人说得这样近。她心中诧异，生出反感之意，却又觉得那样好，两种纠结的情绪，让她对着胡兰成，再说不出只言片语。

这一刻，竟真的生出他生未卜今生休的意思。爱情来得这样快，他们只想就这样交谈着，一路走下去，哪怕走到世界的尽头也不愿停下。

夜凉如水，时光静静萦绕，这一刻，他愿为港，只护她周全，她愿为舟，只为他搁浅。

红尘相依，现世安稳

世间风景千万，都抵不过你的眉眼。缘分是个神奇的东西，两个人，只一眼，便生了情意，携着手，便可以触到那抹炫目的云霞。他们爱了，义无反顾，不求未来，不苛过往，只求现世安稳，红尘相依。

有人说，爱情是一杯毒酒。只是还是有许多人，义无反顾地喝了下去，含着笑，带着泪，收获一段倾城之恋，惊心动魄。

岁月终究待她不薄，在风华绝代的年华里给她一段摄人心魄的爱情。不管这个男人是谁，不管这个男人是否值得她交付芳华，她终究是爱过了，在最好的时刻爱过了一场，也不算辜负了流年。

那夜回到家，爱玲的心久久不能平静，那种怦然心动的感觉太过特别，她绽放如最美的玫瑰。独倚窗台，蓦然回首，她突然明了，原来这么多年的兜兜转转，只是她一个人寂寥的独角戏。她并不喜欢守着岁月独自微笑、独自沉醉，她只是没有寻到那个可以烟火与共的人。

剪不断，理还乱，这一次，红线将她与他束住，她寻到了胡兰成。原来情窦初开的怦然心动是如此甜蜜，她如何能放他走，在最恢宏美好的时刻。

第二天，胡兰成如约而至。张爱玲穿上宝蓝色绸制袄绔，戴上嫩黄边框眼镜，眉眼间写满妖娆风韵，脸颊宛如月光般柔和，她竟为他精心打扮过了。一个女子，只有在心爱的男子面前，才会在乎自己是否美丽。这一次，她的家门为胡兰成从容打开，她长年深锁的心门，也为他彻底开启。

她坐在书桌前，想要写点什么，只是奈何脑子被胡兰成填满，她又拿起了书，想要看一会儿稳稳思绪，只是食不知味，也不知看了些什么。这一刻，她不是作家，也不是爱玲，她只是世间一个寻常的女子，忐忑地等着自己的情郎，期待着，也不安着。

孤标傲世偕谁隐，一样花开为底迟？她沦陷了，彻彻底底。

他来了，从容跨过敞开的门扉，便看到了带着兵气的房间，和同样带着兵气的爱玲。摆放简单的家具，富丽堂皇，带着现代的新鲜明亮，给他无边的刺激与诱惑，只做家常打扮的爱玲，静静地立着，如一朵含苞欲放的花朵，清爽宜人，扬起一室馥郁香气。

柔艳，这个词猝不及防地闯入胡兰成的大脑，这便成了他形容爱玲的词汇，恰如其分。他被震住了，在这兵气纵横的房间，他开始不安，如刘备进到孙夫人房间般，不知不觉间便拘谨胆怯起来。

不知不觉间他道："你们这里布置得非常好，我去过好些讲究的地方，都不及这里。"这里如此不同："阳台外是全上海在天际云影日色里，底下电车当当地来去……"

一切，温暖亲近。心是满的，连哒哒的马蹄也能生出点点诗意。爱情在时，一切都是诗。

又是一场畅快的交谈。一个翩翩公子，一个佳佳才女，一个侃侃而谈，一个温存相对，如水的温柔围绕在四周，他们忘掉了时间，也忘掉了凡尘。张爱玲一如往常，静静地坐着，聆听胡兰成的只言片语，两个对的人，哪怕相顾无言，也自有属于他们的舒服与融洽。

“男欢女悦，一种似舞，一种似斗，而中国旧式栏上雕刻的男女偶舞，那蛮横泼辣，亦有如薛仁贵与代战公主在两军阵前相遇，舞亦似斗。”胡兰成如是说。

他是穿梭在万帆间的风流才子，偶然遇到了张爱玲这个旗鼓相当的对手，自然想要征服，只是他说，“但我使尽武器，还不及她的只是素手”。烟花柳月，云水苍茫，到了她那里，一切风华绝代都蒙了尘雾，他顾不得许多，只想停留在她的波心。

他喋喋不休，谈天说地，只想着一直和她聊下去，不管时光如何流淌，天地如何转换。胡兰成说起爱玲祖父张佩纶与李鸿章家小姐的一段佳话，并提起了李家小姐为张佩纶所作的两首诗，赞叹之意溢于言表。

听到这里，爱玲高兴不已。这么多年，她听过太多年老貌陋的祖父配不上祖母这样的大家闺秀一类的话，今天终于遇见的心仪男子，竟然和自己看法相同，怎能不喜欢呢？

谈到兴处，爱玲还将祖母那脍炙人口的两首诗抄给胡兰成，并告诉他其实这两首诗出自祖父笔下，祖母压根不怎么会写诗，胡兰成听后很是惊讶。

在她眼中，祖父张佩纶虽然是年老落魄的男子，但没有丧失志气，他满腹经纶，才情如雪，内心丰盈，这样的男人自有独到的魅力。而胡兰成，这一刻竟有了几分祖父的影子，落魄不羁，才情四溢，这样的男子，即使臭名远扬，也有着诱人的魅力，她如何能不爱呢?

她又谈起素昧平生时，曾与苏青一起为他求情的事，胡兰成听后，觉得女人到底幼稚得可笑，但一种叫作感动的情绪自心底慢慢升腾，嘴上还以相府小姐慧眼识珠恋上张佩纶相喻着。

哪个男子没有说过几句暖人的情话，更何况胡兰成这样的浪子，只是把情话说得真真切切，总是引人欢喜的。

他们更加确定，不论世事如何，两个人还是爱上了，坠入了谜一般的情网。

花开了，世界斑斓无际。

意乱情迷时，谁会去想陷入爱情的人到底会输还是会赢。命运为她引来了胡兰成，给了她一份渴望着的深邃爱情，也给她带来了一场注定遍体鳞伤的博弈。在上海滩风生水起的一代才女，因为这场爱情，生活无端地换了一番模样。

总是要离开的。天在不知不觉间已暗了下来，他们的交谈被迫终止，胡兰成起身告辞，两个人都是一副意犹未尽的模样。回到家后，胡兰成依旧抑制不住激动的情绪，迫不及待地取出纸笔，为爱玲作了一首新诗，又附上一封长信，这便是他写给爱玲的第一封信。

情书总是带着浪漫的使命，传递着浓浓的爱意。胡兰成自诩文采斐然，但在张爱玲面前，总觉得自己贫乏浅薄。这一刻，他如一个幼稚的男孩子，笨拙地写着自己的心事，只想让心爱的女子明白自己的情意。

“因为懂得，所以慈悲。”张爱玲用这句充满着禅意的话，给胡兰成回了信。短短八个字，却字字珠玑，道尽衷肠。她终是懂得的，所以无须多言，便默契十足。张爱玲曾是冷漠张扬的女子，却愿意为了一个早有家室的他，选择义无反顾的宽容和懂得，该是多大的慈悲?

桐花万里路，连朝语不息。从此后，每隔一天，胡兰成一定要去看张爱玲。每一次，他轻轻叩门，她应声开门，两人相视一笑，宛如相识数十年的老友。

他坐，她便泡两杯热热的红茶，两个人在氤氲的茶香间，吃些精致的小点心，谈些文艺，说些故事，一来二去，在这美丽温情的公寓里，两个人更是默契十足。

两个人在一起，总有说不完的话。风淡淡划过，雨静静扫下，带过曼陀罗的芳香、百合的凝郁……他们的世界，没有时间概念，没有晨昏无常，只有美好温情，只有深情的彼此。

他们就这样沉在了时光里。红尘相依，现世安稳。

人间烟火，岁月静好

她说：“我要你知道，在这个世界上总有一个人是等着你的，不管在什么时候，不管在什么地方，反正你知道，总有这么个人。”

他说：“和她相处，总觉得她是贵族，其实她是清苦到自己上街买小菜。然而站在她跟前，就是最豪华的人也会感受威胁，看出自己的寒碜，不过是暴发户，这绝不是因为她有着传统贵族的血液，却是她的放恣的才华和爱悦自己，作成她的那种贵族气氛的。”

人生最珍贵的便是懂得。我不知爱玲恋上这位翩翩公子哥，是否就是因为这份懂得，但我知道，她曾经说过：因为爱过，所以慈悲，因为懂得，所以宽容。

只是相聚总是短暂的，不久后胡兰成便调到南京任职。他走了，也带走了她心里的云彩，她对胡兰成说：“你说你没有离愁，我想我也是的，可是上回你回南京，我几乎要感伤了。”

一个不轻易谈感情的女人，一旦爱了便是死心塌地的万劫不复。她经常给他写信，虽然语气风轻云淡，不见离愁，但藏在骨髓中的思念早已发芽疯长，她将一个无依女子所有的一切，都写成了信笺，跨越千山万水，寄给那个深爱的男子。

只是还好，分离并不是永远。每个月，胡兰成总会回一趟上海，小住个八九天，与她耳语厮磨，聊慰相思。每一次回来，他不回家里，妻子在他心中早已失去了分量，他的一颗心都系在了爱玲那里，便带着满身的风尘仆仆径直赶去，进门便熟稔地说："我回来了。"

他来了，她便废了织，他也废了耕。两个人，日日相伴房中，连出去游玩都不想，也没有工夫。她只想缩在他的怀里，轻轻拂过他的眼、他的鼻、他的嘴唇，恨不得将他的整个样子都刻在脑海里。喁喁私语无尽时，他们只想男欢女爱，缠绵以对，哪还顾得了许多。

在他面前，她只是世间最寻常的女子，只想以一副小女人的姿态，拥抱属于她的幸福岁月。

他走了，她便轻轻卷起书页，慢慢摊开稿纸，读读书，写写字，想想他，日子也算过得惬意。她终究是张爱玲，民国的临水照花人，怎么会因为思念缠绵悱恻，泪流不休？更何况与他一起的日子，太过甜蜜美好，回忆起来便会心花荡漾，离愁别绪也淡了几分。

时光如水，然后他便又来了……

或许在她看来，爱情便要坦率真诚，所以在他面前，她成了稚气天真的小女孩，任性可爱，展露着自己真性情的本色——喜欢打扮，爱胭脂香粉，衣服时尚新颖，爱吃零食……她像一只俏皮的红嘴绿鹦哥，围绕在他的身边叽叽喳喳。

她把自己的所有都给了他，哪怕是小时候喜欢的小物件，母亲从埃及带来的新鲜可爱的两串玻璃大珠子，她亲笔所作的绘画，还有小时候写的作文小说，自己精心抄写装订并保存着的小说《摩登红楼梦》……

有时炎樱来了，三个人便一起热热闹闹地说说笑笑。胡兰成依旧是儒雅的公子，连嘴上抹油献殷勤的话都说得自然而然，甜蜜不断。爱玲便笑坐着，听他与炎樱斗嘴取乐，只觉得人活一生不过如此，只要朋友和爱人伴在身边，即使沉默也快乐无比。

炎樱给爱玲取昵称为“张爱”，而胡兰成昵称为“兰你”，恰巧凑成了一对，浓情蜜意淋满相见的日子。

张爱玲还曾为炎樱翻译过一封写给胡兰成的信：“亲爱的兰你，你在你那个地方，是要被蒸熟了吧？”多好，俏皮轻快的言语，虽说只是翻译，却可以看出，那段日子她的心是欢喜的。

那是战火弥漫的年代，人间烟火纷飞，却总可以容得下两个相爱之人的卿卿我我。胡兰成虽然是热衷政治的人，但在爱玲面前，终不敢太过造次，他们谈天说地、谈情说爱，却少谈无常的世事。那些大的政治背景和热血战火，终没有柴米油盐来得实在。

人间烟火，岁月静好。

一日，胡兰成自爱玲家里出来，一时高兴，便去了朋友熊剑东处。他见熊剑东夫妇与周佛海夫妇四人正围坐着打牌，便坐在旁边看着，只是看着看着，便高兴得有些飘飘然，忍不住吟啸高歌。

陌上游春赏花，亦不落情缘。遇上张爱玲，恋上张爱玲，他也是欢喜的，有时也会做出些幼稚的举动。虽然，在他那里，他也只当爱玲是一场轰动的“艳遇”，并没有相濡以沫白头偕老的自觉，但那欢喜也是真真切切的，在他眼里，她依旧是不寻常的存在。

胡兰成说：“我已有妻室，她并不在意。我有许多女友，乃至挟妓游玩，她亦不会吃醋。她倒是愿意世上的女子都欢喜我。”

或许他是满意的。他是自私的，爱玲亦然，他满意爱玲的不在意，他可以栖息在她的爱情里，也可以恣意享受左拥右抱的惬意，醉在飘浮着的七彩云霞间。

或许他也涩涩的。有些人，何止一个贱字了得，不想忍受爱情对自由的束缚，又会因为女友的不吃醋，生出惆怅和遗憾。只是不知他是真不懂，还是装糊涂。一个女子，怎会喜欢心爱的男子三妻四妾，更何况是张爱玲这样不羁的新知识女性？

她终是太过自信，终是不屑于与别的女子争风吃醋，她只是认定了，自己是归人，而不是过客。

她说：“有目的的爱都不是爱。”她没有目的，爱上了他这个结了婚的人，这个做过汪精卫伪政府的官员，并与日本人关系匪浅的人。只是她不在乎，愿意痴痴傻傻地去美化一个不值得的男人。

她什么都不求，爱了便是爱了，坦坦荡荡，甘愿为他低至尘埃。犹记得她给他的一张相片背面那行浅浅的字：见了他，她变得很低很低，低到尘埃里，但她心里是欢喜的，从尘埃里开出花来。

他们不被世人看好。虽然张家早已没落，但也是没落的贵族，自视清高。一个汪伪汉奸，一个有妻儿家室的男人，如何能够配得上张家清白的小姐。姑姑张茂渊坦诚地把一切告诉了爱玲，这个自己很是尊敬的长辈的一席话，如巨石般压在她的心头，激起层层涟漪。

她也曾动摇过，也曾给胡兰成递过这样的纸条：“以后不要再来相见了”，只是奈何一切终抵不过一个爱字，她释然了。生活是自己的，她管别人做什么呢?

姑姑无奈，终是妥协了，她叹息说：“你跟他交往我是不赞成的，但你也大了，自己的事情你自己看着办吧！”

如人饮水，冷暖自知。不论前路如何，不管宿命何休，她要把握住当下的点点时光，为他拔掉身上的刺，为他放下骄傲，为他低至尘埃，为他念念不休。

初见时，胡兰成曾这样说过：“张爱玲是使人初看她诸般不顺眼，她决不迎合你，你要迎合她更休想。你用一切定型的美恶去看她总看她不透，像佛经里说的不可以三十二相见如来，她的人即是这样的神光离合。偶有文化人来到她这里勉强坐得一回，只觉对她不可逼视，不可久留。好的东西原来不是叫人都安，却是要叫人稍稍不安。”

只是时间久了，他也会这样说：“爱玲种种使我不习惯。她从来不悲天悯人，不同情谁，慈悲布施她全无，她的世界里没有一个夸张的，亦没有一个委屈的。她非常自私，临事心狠手辣……她却又非常顺从，顺从在她是心甘情愿的喜悦。且她对世人有不胜其多的抱歉，时时觉得做错了似的，后悔不迭，她的悔是如同对着大地春阳，燕子的软语商量不定。”

我不知这是褒还是贬。但初见时，在胡兰成眼里，她是光，是女神般的存在。只是时间久了，或许他更懂得她了，可这份懂得也使他心生惶恐。这样一个洁净干脆、不拖泥带水的女子，让他心生不安。

有人如是说：如果不是遇到胡兰成，也许她的光芒会更加璀璨，会继续平心静气地写完她的第三炉香、第四炉香，也许她会遇到别个稍微“正常”而“合适”的男子，结一段乱世情缘，也许她的生命轨迹会有所不同，当世及后世对她的评价都会改观，甚或中国文学近代史也会因她而改写……

是啊，如果不是遇见胡兰成……只是世间没有如果，她遇见了他，结了一段乱世情缘，徒惹我们一声叹息。

爱玲曾写信给胡兰成说：“我想过，你将来就是在我这里来来去去亦可以。”一贯的清淡语气，只是其中低眉顺眼的表白连局外人都看得见吧？

她终为他低到尘埃里，期盼开出最妖娆的花朵。

爱，尘埃里开出的花朵

月光如水，明眸千里，年华似流水，在无声无息的岁月里流苏倾泻。岁月呵，岁月，公元前我们太小，公元后我们又太老，没有谁见过那一次真正美丽的微笑。

她是欢愉的，爱情来时，简单纯粹，小小的世界只能容得下彼此而已。只是她的欢愉太过小心翼翼，她那倾城的笑颜，只对着那倾心的人儿。

死生挈阔，与子成说，执子之手，与子偕老。她说：“我看那是最悲哀的一首诗，生与死与离别，都是大事，不由我们支配的。比起外界的力量，我们人是多么小，多么小！可是我们偏要说：‘我永远和你在一起；我们一生一世都别离开。’好像我们做得了主似的！”

她是清醒的，只是她的清醒是对着旁人的，在胡兰成面前，她有着属于自己的执念，她不承认自己错爱了一个风流浪子。

男欢女爱，她是一个平凡的女子，不问世事无常，只一心想与胡兰成一起，在冉冉日光间踏花拾锦，枕梦安好。只是她不问世事，世事却不厌其烦地与她交涉。

世上人潮千千万，更何况身处波涛汹涌的乱世间，不知何时，她与胡兰成这段倾城之恋，成了上海滩众说纷纭的话题。有时，姻缘终究不是只有你我说了算的。

无论如何，爱情来了，自然而然，无可挑剔。而婚姻，于她也只是水到渠成的事，她不在乎，也不抗拒。胡兰成曾问过她对婚姻的看法，她只淡然地答曰没有考虑过这个问题。是的，她没有考虑过，没有考虑过要与谁恋爱、要嫁给谁。

虚无的名分、未知的约定，她通通不要。骄傲如她，怎会不知结局圆满太过难得，地老天荒只是童话。她早已心知肚明，命运早有安排，她只要随着自己的心不动声色地走下去就好了。

她是傻的，掉进世俗无法接受的怪圈里，依然愉悦安然。胡兰成是残忍的，明知给不了她一份岁月静好的永远，却依旧抱着侥幸的心理自私地前来招惹。他辜负了太多女子，于他，爱玲终究也只是镜中花、水中月。

全慧文，胡兰成的第二任妻子，曾跟着他流离南北，为他生儿育女。只是当他风光无限时，夫妻的恩爱早已成了明日黄花，一纸离婚协议便结束了所有。

她成了一个可怜的女人，只因为她遇上的男人是胡兰成。据说她罹患精神疾病，晚年由子女抚养，只是在胡兰成留下的文章里，没有关于她的只言片语。我们不知她的病与胡兰成有几分关系，也不知是因离而病，还是因病而离，但我们不难发现，胡兰成是一个多么凉薄之人。

那时候，他结识了一个名为应英娣的舞女，两个人很快便陷入爱情，并结为连理，也成就了他的第三场婚姻，那个叫作全慧文的女人早就被他抛诸脑后了。

应英娣是个现实的人，风月场上待得久了，好的坏的见过太多，也想过太多，不知不觉间便惹了风尘气，人也世故了。她对胡兰成，爱过多深、有过多少真情，姑且不去深究，但胡兰成当时的权势和财产，便足以成为她脱离风花雪月的理由。

婚后她拒绝走进胡兰成在上海的家，干脆利落。她只是一个世故的女人，没有全慧文那样的柔情和耐心，为丈夫前妻们的儿女们洗衣换物，择菜煲汤。而怜香惜玉的胡兰成将一大群没娘的孩子抛给了侄女青芸，带着娇妻在南京安了新家，一起陷进安乐窝温柔乡里。

他已是四个孩子的父亲，却没有一点父亲的自觉，只有多情滥情的情事。在与应英娣卿卿我我时，在午夜梦回时，不知他是否会想到那群孩子，是否会生出几缕愧疚的情绪？

他与应英娣的婚姻维持了两年，直到遇见张爱玲，与她相识相知相恋。张爱玲不介意胡兰成有妻室，应英娣却在意胡兰成的背叛，她大哭大闹，闹得满城风雨，人尽皆知。1944年8月，她正式向胡兰成提出了离婚。

世间再没有像张爱玲这样不在乎的人了吧。胡兰成说："张爱玲是民国世界的临水照花人。看她的文章，只觉得她什么都晓得，其实她却世事经历得极少，但是这个时代的一切自会来与她交涉，好像花来衫里，影落池中。"

还有谁会为了胡兰成低至尘埃？世间只有张爱玲，世间唯有张爱玲。

胡兰成将整颗心扑在了张爱玲那里，对妻子早就没有什么感情可言，离婚自然是求之不得之事。张爱玲对他们两人之事没有过问，她不在乎他有妻室，离异之事就更不会过问了。

胡兰成与应英娣离婚了，爱玲的婚姻便水到渠成地来了。她并不抗拒这个让自己与胡兰成的爱情得以升华的机会。

同月，他们便结婚了。那时时局渐朗，胡兰成担心自己的政治问题会连累爱玲，便决定一切从简。张爱玲向来不把繁文缛节放在眼里，自然没有丝毫反对。他们便这样简单地结婚了，没有法律程序，也没有结婚仪式，只以一纸婚书为证。

"我与爱玲只是这样，亦已人世有似山不厌高，海不厌深，高山大海几乎不可以是儿女私情。我们两人都少曾想到要结婚。但英娣竟与我离异，我们才亦结婚了。是年我38岁，她24岁。我为顾到日后时局变动不致连累她，没有举行仪式，只写婚书为定，文曰：胡兰成张爱玲签订终身，结为夫妇，愿使岁月静好，现世安稳。上两句是爱玲撰的，后两句我撰，旁写炎樱为媒证。”

这是胡兰成在《今生今世》中的原话。他的情事太过纷乱，婚姻于他早就习以为常，说到底只是由一个不爱的老面孔换了另一个还爱着的新人。然而张爱玲不在乎，也不计较，他们的结合宛若命中注定的理所当然。

胡兰成张爱玲签订终身，结为夫妇，愿使岁月静好，现世安稳。对于相爱的两个人来说，这样的一纸婚书虽然简陋，但也已经足够，张爱玲想要的从来都只是点滴而已。

胡兰成说：“我们虽结了婚，亦仍像是没有结过婚。我不肯使她的生活有一点因我之故而改变。两人怎样亦做不像夫妻的样子，却依然一个是金童，一个是玉女。”

这样是极好的。一切都没有不同，她还是那个张爱玲，纵然爱到无可救药，依旧有着与生俱来的性情。

他们同住同修，同缘同相，同见同知，宛如“照花前后镜，花面交相映”般契合美丽。

胡兰成如是说：“爱玲极艳，她却又壮阔，寻常都有石破天惊。她完全是理性的，理性得如同数学，她就只是这样，不着理论逻辑，她的横绝四海，便像数学的理直，而她的艳又像数学的无限。我却不准确的地方是夸张，准确的地方又贫薄不足，所以每要从她校正。前人说夫妇如调琴瑟，我是从爱玲才得调弦正柱。”

那时，他是爱这个女人的，虽然他爱过太多女人。与张爱玲一起时，他的心是真真切切为着她的。一起看书画时，他很在乎她喜欢与否，朋友求他引荐爱玲时，他怕爱玲不喜欢，多半会拒绝……无论做什么事，他都会想一想爱玲的反应，他在乎爱玲是否开心。

有时候，胡兰成一个人在房间里安静地看书或写文章，爱玲便在门外悄悄窥看他。这种感觉很是奇妙，宛如捉迷藏般，她写道："他一人坐在沙发上，房里有金粉金沙深埋的宁静，外面风雨琳琅，漫山遍野都是今天。"

有时候，他们会一起出去走走，到胡氏老宅美丽园看看，到周佛海家应酬应酬，到胡兰成参与的时事座谈会上坐坐……她没有目的，也不怎么讲话，她只是陪在他的身边，安静地看着这个在旁人面前潇洒谈笑的自己的男人。

生及相亲，死得无恨。她爱他，这爱也让她圆润缠绵起来。有时她会窝在他的怀里，用手指细细抚摸他的脸，抚到眉毛便轻轻说："你的眉毛。"抚到眼，便说："啊，你的眼睛。"抚到嘴，又说："你的嘴，你嘴这里的涡我喜欢。"

有时她会紧紧抱着他，轻声叫着他的名字："兰成，兰成……"一遍一遍，温柔缠绵。因为胡兰成一直叫她张爱玲，所以有时她便偏偏要他亲切地唤她"爱玲"，胡兰成无奈，只得唤她的名，可她又听不习惯了，又惊又喜地啊了一声。

瞧，他们爱得那样好。她为他低至尘埃里，到底还是开出了绚烂的花朵。

第五章

浮生一梦·一别一辈子

娶了红玫瑰，久而久之，红的变了墙上的一抹蚊子血，白的还是床前明月光；娶了白玫瑰，白的便是衣服上的一粒饭渣子，红的却是心口上一颗朱砂痣。

——张爱玲 · 红玫瑰与白玫瑰

没有一份感情不是千疮百孔

情到深处，她愿意穿梭在白山黑水间，向死而生，为他绽放。他们爱得如此默契，连江山也失了色彩，只是这乱世间的姻缘，又能安稳几时？

那所谓的岁月静好，所谓的现世安稳，不再是他们可以掌控的。战火弥漫的年代，能得一人，相伴一程，已属不易。愿得一人心，白首不相离，这样的誓言太过遥远，太难把握，不知何时，便有人迷了路。

谈到飘摇不定的时局，胡兰成已有预感，世道终有一日会变，而自己和爱玲这对刚刚同林的夫妻，也将落得个大难临头各自飞的下场。只是他依旧情话绵绵：“我一定能够逃过灾难，只是头两年里改换姓名，将来与你即使隔了银河，也能相见。”

爱玲也笑道：“那时你变姓名，可叫张牵，或叫张招，天涯海角有我在牵你招你。”天之涯，海之角，她轻轻招手，他便会回到她的身边。这样真实的期盼和祷告，有谁在乎呢？天真的爱玲呵，你真的能够牵住招住那心爱的男子吗？

1944年11月，汪精卫病逝。经日本人的周旋，胡兰成要同沈启无、关永吉等人一起前往湖北汉口接收《大楚报》。他从来都不甘寂寞，这次想要在日军的扶植下成就一番作为。于是他果真要走了，只是她不知道，分离来得如此之快。

他陪张爱玲最后看了一场她爱看的崔承喜的舞，只是这一次，总有些情绪如鲠在喉，难以言说。回家时，天下起了大雨，他们在戏院门口坐上了一辆黄包车，放下雨篷后，穿着雨衣的张爱玲坐到了胡兰成的身上，外面流雨连连，里面亲和一片。

每一次，在胡兰成的怀里，她便觉得幸福不过如此，只是她虽然知道爱情的脆弱，却渐渐坠落进这脆弱里无法自拔。爱情是毒药，她慢慢上了瘾。

她以为，胡兰成和她一样，只要将她拥在怀里，便是幸福的。可那时胡兰成觉得她生得如此高，又穿着雨衣，抱着诸般不适，只是他依然不愿放手，因为那难忘的实感。或许，这便是他眼中的张爱玲，诸般不适，却又难以忘怀。

第二天，他便走了，她没有挽留，也不会追随。她只是为他默默打点好行装，穿上他最爱的旗袍，陪着他走过昏黄的巷弄，走过烟雨迷离的街头。在那无尽的时光里，她看着他登上远行的轮船，默默地说了再见。

至此君别，后会何期？

寂寞深闺，柔肠一寸愁千缕。惜春春去，几点催花雨。

倚遍栏杆，只是无情绪。人何处，连天芳草，望断归来路。

她除了写文章，便是等他了。只是她等的这个男人，与她隔着迢迢银汉，在山水迢迢的另一边。那里战火弥漫，时常有空袭警报。

一日，胡兰成在路上遭遇了空袭轰炸，他随着慌乱的人群，跪倒在铁轨上。那一刻，他绝望无比，以为这一次真的要死了，慌乱中，他喊出的只有两个字：爱玲！

有人说，在生命受到威胁时，脑海里想着的那个人便是真爱了。所以他应是全心全意爱着爱玲的，她是他那时唯一的寄托。只是他的爱来得快，去得也快，太不值钱。很快，他便遇到了新的人，有了一片新的天地，爱玲也被抛到了九霄云外。

红尘滚滚，客来客往，缘起缘灭。人世沧桑千年间，太多太多的痴男怨女，演绎着相同的冷暖爱恨。谁也不是谁三生石上的依偎，谁也不是谁巴山夜雨的共话，没有一份感情不是千疮百孔。

他从来不是甘愿偏安一隅的男子。一生只执一人手，于他，只是一句情话、一个玩笑。他是戏灯之人，如收藏家般，不甘寂寞地爱着不同的女子，全慧文的朴、应英娣的艳、张爱玲的才……这一次，是周训德的天真。

那时，爱玲从来没有间断过给他鸿雁传书，只是千里之外的薄薄信笺，何以慰藉他泛滥成河的相思，何以打发他漫无边际的寂寞。在这陌生的城，不带温度的书信，总不及一个温热的拥抱来得实在。

在爱玲望尘莫及的汉口，胡兰成寄住在汉阳医院，与几个正值风华、天真纯洁的女护士为邻。风流多情的才子胡兰成，在花团锦簇间，如何禁得住寂寞和诱惑。

他每日下班便会去那些小护士那里坐坐，与她们一起谈天说地。他是有魅力的男子，连绝代风华的爱玲都为他甘愿俯落成尘，更何况是未经人事的17岁少女。他只是稍稍笼络一下，那个叫周训德的护士便缴械投降，俯首称臣了。

他与周训德，迅速坠入了爱河，很快便如胶似漆。胡兰成说："虽穿一件布衣，亦洗的比别人洁白，烧一碗菜，亦捧来时端端正正。"正是这份洁白与端正，让他爱上了这个只有十七岁的调皮女护士，将爱玲暂且抛下。

他一本正经地教周训德唐诗宋词，那些沁着情爱气息的风月辞章，让情窦初开的小周心旌摇荡，城池失守。而小周，也为胡兰成洗衣煮饭，抄写文章，这样一个娇俏的人儿，填满了他的生活，也填补了他陷在陌生城市的寂寞。日子不久，两人便形影不离，堂而皇之地携手静好了。

周训德也算可怜之人，她家境贫寒，父亲病逝，家中还有弟妹，而母亲只是小妾。这是她的弱点，因为她需要更多的温情与宠爱，也是她的阴影，因为她不想步母亲后尘，沦为妾室。胡兰成给了她宠爱，她情愫早生，可她还是怕，怕人言可畏，怕为人妾。

只是奈何，她抵不过眼前男子的百般恩宠、万般柔情，她还是轻易掉进了胡兰成编织的情网里。她给他送去一张照片，并在背后写下了胡兰成教给她的那首隋乐府诗：春江水沉沉，上有双竹林，竹叶坏水色，郎亦坏心人。

她与他，堂而皇之地住在了一起，过起男欢女爱的日子。周训德，愿意为这个大自己22岁的男人，挽起长发，绽放春光。

东风恶，欢情薄。在汉口，胡兰成与小周海誓山盟，执手相携，全然忘记自己是一任丈夫，上海滩还有一个自己曾爱得死去活来的痴情才女。或许他觉得，当初爱玲不在乎他有妻室，如今也不会在乎他的这场阡陌逢春。

他又举行了一次婚礼。红烛、红衣，还有温婉的新娘。他兴致勃勃，喜气洋洋，宛如初次结为百年之好。那天，爱玲还在为他写着信，依旧清丽的文字，向他软软诉说自己点滴的琐碎小事，向他展露一如既往的相思和牵挂。

胡兰成曾评论张爱玲笔下的范柳原说："他和她好，但不打算和她结婚。这样的人往往是机智的、伶俐的，可是没有热情。他的机智与伶俐使他成为透明，放射着某种光辉，却更见得他生命之火已经熄灭了。结婚需要虔诚，他没有这虔诚，他需要娼妓，也需要女友，而不要妻。"

字里行间，说的是范柳原，却更像说他自己。他不需要妻，只需要娼妓和女友，可他偏偏把妻的名分当成更进一步的筹码。与他恋爱是美好的，他是完美的谈情说爱的对象，却又不是一个合格的结婚对象，因为他不懂得虔诚和忠诚。

爱上这样的男子，是张爱玲的不幸，也是周训德的不幸。不知是她们太过自信，还是爱得太深，才会心甘情愿地栽倒在他的手里。

她们的结局可以预见。痴情怨女的爱恨情仇，不过如此。谁年少的时候没有爱过一个坏男人，这便是成长，虽然残酷，却让她们更加懂得，没有一份感情不是千疮百孔。

相见不如不见

婚外情，第三者。一般人遇到劈腿的事，多数是要两边隐藏，可到头来又落得个东窗事发左右为难的下场。而胡兰成，聪明如他、自私如他，却喜欢找好说辞，让一切光明正大，仿佛这样，一切便不是他的错。

他明确告知周训德，自己在上海还有一位太太。这些本在小周预料之中，听后不过流下几滴伤心的泪水，然后在胡兰成的甜言蜜语间，她消了惨淡愁云，又是一副明媚幸福的模样。

她是良善之人，如爱玲般真诚地爱着他，只爱他，不求其他，连胡兰成素日给的钱物都是不收的，只是她不知，在胡兰成那里，爱情来得太过轻易，她只是他随手折下的一枝桃花。

他亦写信告知爱玲，自己在汉口结识了一名叫周训德的护士。他是聪明之人，定不会将他与小周肌肤之亲的事和盘托出，他只是淡淡几笔，好为以后东窗事发时预备说辞。

张爱玲从他的只言片语中，总是有所察觉的，只是察觉了多少，不得而知。她只是淡淡地向胡兰成回了一句："我是最妒忌的女人，但是当然高兴你在那里生活不太枯寂。"

或许她只是不愿意相信，一个将近40岁的男人，与一个刚满17岁的如花姑娘，会擦出爱的火花，无非是一份怜惜和欣赏罢了。

她明白，世间男人和女人，除了情爱，别无他事了。只是她不愿相信，也不愿道破。人心叵测，她只能庆幸着他还愿意给她写信告知，哪怕只是说些无关痛痒的话。

她曾为他低眉写下这样的句子：听到一些事，明明不相干的，也会在心中拐好几个弯想到你。未逢来者，不见归人，在一个个没有胡兰成的日子里，她只影孤灯，相思成疾，寂寞地守着一个人的锦瑟流年。而他那里，温室如春，姹紫嫣红，是属于两个人的美景良辰，桃花灼灼。

娶了红玫瑰，久而久之，红的变了墙上的一抹蚊子血，白的还是床前明月光；娶了白玫瑰，白的便是衣服上的一粒饭渣子，红的却是心口上的一颗朱砂痣。

爱情就是这么回事。胡兰成将小周拥在怀里，她是新欢，是他的床前明月光，也是他心口的一颗朱砂痣。而张爱玲，他将她抛在脑后，因为她成了旧爱，成了墙上的一抹蚊子血，成了衣服上的一粒饭渣子。

1945年的春节，他给张爱玲寄去书信，推说自己公务缠身，无法回家相聚，然后添上几句甜蜜的相思之语，便心安理得地留在汉口，与眼前的新欢共度佳节。

除夕的烟火，在黑夜中璀璨至极。

这厢，张爱玲在上海的公寓，身边只余一个姑姑而已。两个人，静静围着壁炉，喝些红茶，吃些点心，冷冷清清地听着外面的鞭炮声，清清淡淡地看着窗外璀璨的烟火。原来，长相厮守的愿望如此遥远，曾经默契的甜蜜爱情，在她心里依旧烂漫，却暗暗生出微涩的情感，在思念的时候隐隐作痛。

那厢，胡兰成与周训德，一幅郎情妾意、鸳鸯双宿之景。他牵着她的手，在汉口集市置办年货，在除夕之夜，两人紧紧相拥，享着无限浓情蜜意。他们将主婚姻和合的和合二仙悬于胡兰成居处，寓意圆圆满满。只是胡兰成这样的男子，究竟会因为怎样的女子才会圆满？

3月，他回了上海。离别那天，胡兰成与周训德一起漫步江边。小周心中万千感慨，却都难以言说，她只忍着悲伤，微笑着说："回去该看看张小姐了，你此去不必再来的。待你走后，我自是要嫁人的。"

海誓山盟，信誓旦旦。他用自己一如既往的蜜语甜言，抚慰着周训德那颗不舍的心。他言辞凿凿地保证，事情办好定会返回。在不舍时，时光总是走得快了些，转眼日光西斜，他拥抱小周一下，便回了上海。

他去了张爱玲的公寓。胡兰成这个多情的男子，一心怜取眼前人。见了她，曾经与她一起的幸福过往都涌进脑海，他欢喜不已。这对久别重逢的夫妻，如天下所有久别重逢的夫妻般，久别胜新婚，如胶似漆，恩爱如初。而周训德，在他转身间便成了另一个旧人。

曾经，只是距离让他忘记了爱玲的惊艳。如今，他回来了，只一眼，他便丢盔弃甲，不由自主地意乱情迷。只是一转身、一离别，他便会忘掉爱玲的魅力，若无其事地去找寻另一场意乱情迷。

一日，张爱玲漫不经心地问及周训德："小周小姐什么样？"

她本不想问，却还是禁不住试探。而胡兰成心中不免慌乱，小心戒备地低声说了句："一件蓝布长衫穿在她身上也非常干净相。"

她又笑问："头发烫了没有？"

他边答边费劲地比画着说："没烫，不过有点……朝里弯。"

胡兰成的不自然，她通通收进眼底，她怎会不明白，丈夫与这个叫作周训德的女孩，自是有着不寻常的故事，只是他不道明，她便当作不知，也不愿多想。

只是不知胡兰成是心虚还是怎样，他还是向张爱玲将自己与周训德间的事和盘托出，这次她连装傻的机会都没有了。

爱玲听后，耸然动容，面容带出几分幽怨惆怅。只是她没说什么，只顾左右而言他地提及一个外国人向姑姑的致意，他想要与爱玲发生关系，每月贴些小钱。胡兰成听后很是不快，或许她只是想让他吃醋不快，以平衡一下她受伤的情感，也或许，她只是故作高姿态，表示自己并不在乎他与小周的私情。

胡兰成说爱玲“糊涂得不知道妒忌”。她如何可能不妒忌，难道一直自诩懂得她的胡兰成，看不见她隐在满不在乎表情后的心伤？她是性情孤傲的张爱玲啊，怎会在一个背叛了自己的男人面前暴露自己的软弱？

那月，出版的《天地》上恰巧有她关于妒忌的文字：

随便什么女人，男人稍微提到，说声好，听着总有点难过，不能每一趟都发脾气，而且发惯了脾气，他什么都不对你说了，就说不相干的，也存着戒心，弄得没有可谈的了。我想还是忍着的好。脾气是越纵容脾气越大，忍忍就好了。

如果另外一个女人是你完全看不起的，那也是我们自尊心所不能接受。结果也许你不得不努力地在她里面发现一些好处，使得你自己喜欢她，是有这样的心理的。当然，喜欢了之后，只有更敌视。

她如何不妒忌，她只是忍了下来。她不想毁了两个人短暂的相聚时光，所以虽然痛彻心扉，妒忌得发疯，也选择了不动声色。表面上，两个人依旧那般恩爱，一如既往。

为了胡兰成这个男人，她竟然如此委曲求全，可这个男人竟然还在指责她不知妒忌！他怎能如此不懂得？只留爱玲无奈地说："如果情感和岁月也能轻轻撕碎，扔到海中，那么我愿意从此就在海底沉默。你的言语，我爱听，却不懂得，我的沉默，你愿见，却不明白。"

有时，她也在想，如果两人没有相见，她会枕着思念而眠，傻傻地以为他心共己心，日子也能过得平淡如常，而不会委屈至此。

还是糊涂些好，可是糊涂也这样难。相见不如不见，不见又甚是想念。

柳絮纷飞的3月，她穿着一袭花色绚烂的旗袍，宛如蝴蝶般，飘飞街头。而胡兰成，立在她的身旁，温柔相待，为她轻轻拂去落在发梢的柳絮。她如此爱他，愿意为他低至尘埃，这时候，他也爱她，一心只为她。

只是他的世界，少了"珍惜"二字。这个男人，太过习惯不去珍惜。

他要走了，她去相送，维持着表面的和平。时光终是不肯让步，她要亲眼看着深爱的男子离开，去另一个花样女孩的身边。

她成了剜了心的空芜，离别的伤早就痛到麻木。她向他挥手作别，面上依旧淡淡的，浅笑涟涟。

人人都有他的难处

5月，胡兰成挥别了张爱玲，背着行囊匆匆赶回汉口。汉水迢迢情，在万家灯火时，他又生出几丝柔情，因为他知道，那灯火间是有一盏为他而点亮的，有一个小小的妻，正在家对他翘首以盼。

同住同修，同缘同相，同见同知。我不想为胡兰成辩解什么，只是他对身边的每一个女人的心，也算真诚，当他说爱时，便是真的爱了。只是他爱的女人太多，也不甘错过许多，所以便周旋在一场场风花雪月间，留给世间一抹风流的背影。

拈花惹草，寻花问柳，心猿意马，见异思迁。或许多多少少男人都有这样的秉性，只是有些人被道德底线束缚着，不会太过多情滥情。而胡兰成，道德于他只是笑谈，所以他坦坦荡荡地爱了一个又一个女人，他不忍伤害她们，殊不知，他的多情博爱却在不知不觉间造成了更大的伤害。

回到武汉，他的整颗心都系在了周训德身上，张爱玲随着舟车劳顿的远行，早已纷飞在风中。

世道纷乱，时局越发紧张。他知道好日子已经不长了，便整日与小周腻在一起，恨不得把一天掰成一年来过。乱世之中，得过且过，他已经预感到，历史的批判就要来了。

“忽一日，两人正在房里，飞机就在相距不过千步的凤凰山俯冲下来，用机关枪扫射，掠过医院屋顶，向江面而去。我与训德避在后间厨房里，望着房门口阶沿，好像乱兵杀人或洪水大至，又一阵机关枪响，飞机的翅膀险不把屋顶都带翻了，说时迟，那时快，训德将我又一把拖进灶间堆柴处，以身翼蔽我……”

这是胡兰成在《今生今世》里的原话。小周是真的爱他的，爱到愿意用生命换他的生存。而胡兰成对这样的爱人，心中也是感动万分。他是何其幸运，无论在什么时候，都有一个他爱着的女子，爱他如生命。

8月15日，日本宣布无条件投降，这片被八国联军践踏，又被日军蹂躏的大好山河，终于在历经沧桑后重回中国人手里。生活在水深火热中的人们，终于染上笑颜，他们簇拥着走上街，欢呼着，议论着，热闹非凡。

举国欢庆，处处张灯结彩，锣鼓喧天。可胡兰成却高兴不起来，没了日本人的庇护，他成了无根浮萍、丧家之犬，终于走到了穷途末路，再也无法力挽狂澜。

他曾给国民党派来的接收大员袁雍写过一封信，给自己留下一步退路。信中说：国步方艰，天命不易，我且暂避，要看看国府是否果如蒋主席所广播的不嗜杀人，而我是否回来，亦即在今后三五月内见分晓，士固有不可得而臣，不可得而辱，不可得而杀者。

他与国府虚于周旋，为自己的逃跑争取着时间。只是大局已定，他除了逃，已没有退路。当天，他在日本人的安排下换上了日本人的衣服，又坐着日本人的船悄然离开了武汉，开始了东躲西藏的日子。

离开前，他对小周说："我不带你走，是不愿你陪我也受苦，此去我要改姓换名，我与你相约，我必志气如平时，你也要当心身体，不可哭坏了。你的笑非常美，要为我保持，到将来再见时，你仍像今日的美目流盼……"

这些话，终是含着几分真情的。他走了，只留下些许钱财金饰和这几句蜜语甜言。他走了，她忍泪相送，笑得惊心动魄。这个正值青春芳华的女子，因为他，终是要慢慢枯萎了。

离人醉，胭脂泪，人生长恨……

人人都有他的难处，人生事，不只是儿女情长。这一次，他狼狈不堪，再顾不得谈情说爱，只得为仕途政治亡命天涯。

他说："我不过是一败。天地之间有成有败，长河之水送行舟，从来送胜者亦送败者。胜者的欢哗果然如流水洋洋，而败者的谦逊亦使江山皆静。"

逃，因为他觉得还有回旋的余地。他在日本人的掩护下，藏匿在上海虹口的一户日本人家中，他不停鼓动日军将军队和伪军重整合编，形成一个独立的政治力量，再作为筹码与美军讨价还价。只是局势越来越紧张，而日军却迟迟没有决议，他终于心灰意冷了。

这期间，他给张爱玲去了信，告知自己的行踪，也算报个平安。在四面楚歌之际，他能想到的还是爱玲。爱玲在他心间，终究不同于其他女子，她是有气场的女人，这气场能使他在不知不觉间安定下来。而那时，爱玲也正为他的危难处境担忧着，接到他的来信，真是又惊又喜，也算宽了心肠。

不久，国民政府开始调查在上海的日本居民情况，惩戒汉奸的风声不胫而走，局势霎时间绷紧，上海滩成了是非之地，他再不能多待。离别之际，为了话别，他冒死去了爱玲的公寓。

他们对视，只一眼，便重拾默契。他们秉烛深谈，张爱玲依旧沉默着，静静聆听他的一言一语。他提及池田想要送他前往日本之事，想要询问爱玲的意见。

爱玲听后，不置可否，只说起曾外祖父李鸿章的往事。那是一段屈辱的过往，李鸿章代表清政府与日军签署了丧权辱国的《马关条约》，深以为耻，发誓曰“终生不复履日地”。后来他赴俄签订《中俄条约》，路过日本换船时，他拒绝上岸，当听说用来衔接的小船出自日本时，他又拒绝登船。

李鸿章因为代表清政府签署了几个丧权辱国的条约，招致骂名不断，只是一切并不是他的本意，身为朝廷命官，他别无选择。张爱玲对曾外祖父很是敬畏，她将此事向胡兰成娓娓道来，一副与今日事不相干的模样，讲完还轻笑一声："那年他已七十二高龄了，倒恁地倔强！"

张爱玲想要借这件往事，劝解他不要将自己逼上更绝望的深渊。胡兰成如何不明白她的弦外之音，只是世事难料，他有他的难处，听后只余沉默。

时间渐晚，他起身告辞，这一别，无人知，相见何期。张爱玲立在窗前，看着他远去的背影，久久移不开目光。

那一晚，她辗转反侧，夜不成眠，往日的种种，一幕幕在她脑海中放映。曾经的甜蜜，今日的滑稽可笑，他们两人的爱情，犹如纸糊的风筝，狂风过处便摇摇欲坠。缘分尽了，空留也无用。

对于这次离别，他这样说："唯对爱玲我稍觉不安，几乎要惭愧，她是平时亦使我惊。洛神赋里有翩若惊鸿，西厢记里有惊艳，红楼梦里林黛玉初见贾宝玉吃了一大惊——我从爱玲才晓得人世真是这样的令人惊。但我当然是个蛮横无理的人，愈是对爱玲如此。"

第二天，胡兰成便离开了上海，在侄女青芸的丈夫的陪伴下，前往浙江避难。10日后，重庆国民政府便公布了《处置汉奸条例草案》，汪精卫伪政府的数万名汉奸大半被抓了起来。

在国民政府公布的汉奸名单中，胡兰成赫然在列。多亏他跑得早，也算逃过一劫。

只是他终究没有去日本，原因是否与张爱玲的一席话有几分关系，不得而知，总之他没有去。在逃往浙江的路上，他看到了自己榜上有名的汉奸名单，犹如惊弓之鸟般惶惶不可终日。他狼狈地流转在杭州、绍兴、诸暨一带，再没回家。

有时候，结局早已注定，一步错，便是终生错。

因为懂得，所以宽容

生活总有太多无奈。岁月如梭，磨难总是不肯轻易放过，戚戚然，胡兰成仓皇避在诸暨乡下的斯颂德家。斯家算是大户人家，他与斯颂德，算是中学校友，18年前他曾在斯家住过一段时间，当时斯颂德的母亲很是喜欢他，待他若亲子侄般。

在那里，他遇见了斯家的姨太太范秀美，这个只比胡兰成大2岁的女子，又让他在落魄难耐时，动了春心。

他喜欢亲切地唤她一声范先生。不知在这样狼狈逃窜的时候，他如何还有闲心谈情说爱，或许这就是他的本事，无论何时，都能邂逅一场让人眼花缭乱的风流韵事。

他说："我与她很少交言，但她也留意到我在客房里，待客之礼可有哪些不周全。有时我见她去畈里回来，在灶间隔壁的起坐间，移过一把小竹椅坐一回，粗布短衫长裤，那样沉静，竟是一种风流。我什么思想都不起，只是分明觉得有她这个人。"

真让人啼笑皆非。他在诸暨躲藏了数月之久，却仍丢不掉风流的本性。几个月后，浙江也开始严查汉奸，他再待不下去，便决定去金华暂避，只是这一次，他不再是孤身一人，这位范先生陪他同行。

两个人到了金华，又险些撞上国民党特工，便又仓皇逃往温州范家故居。一路上，他对着日色风影，向眼前的范先生诉说着自己的风流韵事。胡兰成如是写道："两人每下车走一段路，我就把我小时的事，及大起来走四方，与玉凤爱玲小周的事，一桩一桩说与范先生听，而我的身世亦正好比眼前的迢迢天涯，长亭短亭无际极。"

只是说着说着，竟说出了以身相许。这个女人也是傻的，明知他风流成性，却依旧愿意委身于他。或许她们只是太过天真，总以为他单单对自己是与众不同的，便傻傻相信自己会是归人，却不知，到头来，依旧只是个过客罢了。

他说，"十二月八日到丽水，我们遂结为夫妇之好。这在我是因感激，男女感激，至终是唯有以身相许"。

他还说，"我在忧患惊险中，与秀美结为夫妇，不是没有利用之意，而利用人，可见我不老实。但我每利用人，必定弄假成真，一分情还她两分，忠实与机智为一，要说这是我的不纯，我也难辩"。

他总有些冠冕堂皇的理由，让自己觉得正大光明。只是他以身相许过太多次，轻易到让人觉得婚姻只是一个玩笑而已。不知他是不知，还是装傻，以身相许只是开始，而不是结局。

罢了，罢了。他不是弄假成真，只是半真半假地装模作样而已。

与范秀美感激恩爱时，他早已忘了要同修同住的妻子爱玲，也忘了海誓山盟过的小周。只是，爱玲却在心心念念着他，记挂着他的生死。她犹记得那句“天涯海角有我在牵你招你”的誓言，当她得知丈夫人在温州时，便千里迢迢地去了，去牵他招他，只是他的化名并不是张招，也不是张牵。

“我从诸暨丽水来，路上想着这里是你走过的。及在船上望得见温州城了，想你就在那里，这温州城就像含有宝珠在发光。”爱玲如是说。

这个总是清清淡淡的女子，竟然说出如此情真意切的话语！

只是当爱玲风尘仆仆地出现在他面前时，胡兰成只觉措手不及，带着怒气说：“你来做什么？还不快回去！”

没有惊喜，没有感激，也没有温存。她不言，心却慢慢跌落谷底。

胡兰成将她安排在公园旁的一家旅馆住下，白天会抽时间陪她，晚上便走，只说怕夜里警察查房，他还言辞切切地说，自己动怒，只因不想让她看到自己逃窜乡野的落魄模样。

她沉默着，没有挽留。在旅馆的房间里，他们是生疏的，却仍旧默契着。胡兰成说：“有时两人并枕躺在床上说话，两人脸凑脸四目相视，她眼睛里都是笑，面庞像大朵牡丹花开得满满的，一点儿也没有保留，我凡与她在一起，总觉得日子长长的。”

是她的悲伤掩饰得太好，还是胡兰成不愿意看见？他们仿佛回到了昔日，一同走街串巷，一同议来论去，逛店铺，走道观，品西洋文学……只是这表面的和平又能维系多久？

一日，胡兰成与范秀美同来。张爱玲见范秀美生得美丽，便要为她作画，可画着画着便住了笔。范秀美走后，在胡兰成的一再追问下，她说：“我画着画着，只觉得她的眉眼神情、她的嘴，越来越像你，心里好一惊动、一阵难受，就再也画不下去了，你还只管问我为何画不下去！”

他以为他藏得很好，却忘了爱玲那细腻灵敏的心思。这一次，她忍无可忍，不再沉默，在曲折的巷弄深处，她要胡兰成在自己和小周之间作出选择。可胡兰成只搪塞道：“我待你，天上地下，无有得比较，若选择，不但于你是委屈，亦对不起小周。人世迢迢如岁月，但是无嫌猜，按不上取舍的话。”

她终于愿意相信，这个男人终究是担不起责任，给不起答案的。她哽咽着责问说：“你与我结婚时，婚帖上写现世安稳，你不给我安稳？”

这是她第一次责问胡兰成，也是唯一一次，可胡兰成却只道世道荒凉，无意做任何辩解。这一次，她的心千疮百孔。

再没有值得逗留的理由。第二日，她便踏着迷离烟雨，登上了开往上海的渡船，走时，只对前来相送的胡兰成说了一句话："你是到底不肯，我想过，我倘使不得不离开你，亦不致寻短见，亦不能再爱别人，我将只会是萎谢了。"

曾经的海誓山盟，成了支离破碎的流水行云。回到上海后，她给这位想要执手风雨的人去了一封凄切哀楚的信："那天船将开时，你回岸上去了，我一人雨中撑着伞在船舷边，对着滔滔黄浪，伫立涕泣久之。"

她终究还是哭了，这个从不轻易在旁人面前落泪的女子，竟为了这样一个男子，对着滔滔黄浪，泣不成声。

1946年4月，胡兰成在温州的住处被发现，他只得重回诸暨斯家。偏巧此时范秀美怀了孕，曾经的姨太太，斯家终究不允许她在家中生下其他男人的孩子，万般无奈下，胡兰成分别给张爱玲和侄女青芸写了纸条，让范秀美拿着去上海就医。

范秀美拿着纸条找了青芸，青芸看罢便为她找了旅馆，又带她去了医院，只是她们却拿不出一百元的手续费。青芸只得拿着胡兰成写给张爱玲的纸条去找了她，爱玲看罢，无话可说，从屋里取了一只金镯子，对青芸说："当掉吧，给范先生做手术。"

以前，她怕他生活艰辛，给他寄去不菲稿费，可如今，连别的女人的堕胎费，竟也要她包揽。这一刻，她心如死灰，对这个情场浪子，再不敢有任何奢望。

八个月后，胡兰成自诸暨返回温州，取道上海，便在爱玲的公寓住了一宿。一载岁月，再见时，竟生出恍如隔世之感。是夜，两人促膝而坐，却再寻不到往日的郎情侬意。他没话找话，将他与范秀美的故事全都说了出来，又问她是否看过他为小周所作的《武汉记》。

爱玲只是沉默着听着他絮絮叨叨，快乐已逝，她只觉度秒如年，再说不出什么话，只淡淡答道："看不下去了。"

她不再理会他，回房独眠。这一次，他们真是走到了山穷水尽。翌日清晨，半梦半醒间，胡兰成轻手轻脚地进了她的卧房，跪在床前俯身亲吻她，她伸手抱住他，轻轻唤了声"兰成"，便惊觉自己早已泪流满面。

胡兰成说："这是人生的掷地亦作金石声。我心里震动，但仍不去想别的。"是的，他早已习惯，不去想别的。而这一次，爱玲也不再想别的，那个曾经深爱的胡兰成，将要随着这泪水一起埋葬。

1947年6月10日，当她得知胡兰成已经脱离被通缉的危险，便给他寄去了那封不知何时写好的绝交信：

我已经不喜欢你了。你是早已不喜欢我了的。这次的决心，我是经过一年半的长时间考虑的。彼时惟以小吉故，不欲增加你的困难。你不要来寻我，即或写信来，我亦是不看了的。

她说不爱了，便是真的不爱了。她说的不见，便是亮烈难犯的决绝。缘已尽，情已了，从此后，他若为路，她便是桥，两人再没相干。

随信而去的，还有三十万元钱，那是她新写的几本电影剧本的稿酬，通通给了他。胡兰成逃亡的几年里，她从未间断过给他寄钱，这一次，是最多的一次，也是最后的两不相欠。

因为懂得，所以宽容。

最后，她仍给他懂得和宽容。然后，华丽决绝地判他离场。

长的是磨难，短的是人生

她说："在我们的社会里，年纪大一点的女人，如果与情爱无缘了还要想到爱，一定要碰到无数小小的不如意，龌龊的刺恼，把自尊心弄得千疮百孔，她这里的却是没有一点渣滓的悲哀，因为是心平气和的，那木木的脸上还带着点不相干的微笑。"

她妥协过，也委曲求全过，只是最后关头，她宁愿一无所有地孤注一掷，也断不会继续逆来顺受。

傅雷说："明知挣扎无益，便不挣扎了。执着也是徒然，便舍弃了。"她便是如此，断不会如自己笔下的流苏、薇龙般，守着一份变了质的爱情，终老一生。她毕竟是张爱玲，虽然结结实实地爱过一场，但她骨子里仍旧是那个她，再不会为了一个不值得的男人，将自尊心弄得千疮百孔。

她华丽转身，全身而退，依旧活得高贵优雅，只为自己，不再为任何人。

只是胡兰成犹有不舍，他依旧给张爱玲写信，继续做着偎红倚翠的美梦，只是爱玲说到做到，她再没有回过信，只冷眼看着他一个人的独角戏。他见写信无果，便又给爱玲的好友炎樱去了信，信中写道：

“爱玲是美貌佳人红灯坐，而你如映在她窗纸的梅花，我今惟托梅花以陈辞。佛经里有阿修罗，采四天下花，于海酿酒不成，我有时亦如此惊怅自失。又《聊斋》里香玉泫然曰：妾昔花之神，故凝，今是花之魂，故虚，君日以一杯水溉其根株，妾当得活，明年此时报君恩。年来我变得不像往常，亦惟冀爱玲日以一杯溉其根株耳，然又如何可言耶？”

炎樱自是不理。这个花言巧语的男子，再也不能用花哨的文字打动爱玲，虽然以后他们还有些似断未断的交往，但他这颗石子，再也无法在她的心湖上惊起一丝波澜。

后来他又去了爱玲住的公寓找她，只是她已经搬走，人去楼空。后来他又辗转得到爱玲的去处，便将自己出版的《山河岁月》和《今生今世》寄给了她，还附上了一封缀满相思意的长信。

爱玲怕他再行打扰，便给他寄了短笺：兰成，你的信和书都收到了，非常感谢。我不想写信，请你原谅。我因为实在无法找到你的旧著作参考，所以冒失地向你借，如果使你误会，我是真的觉得抱歉。《今生今世》下卷出版的时候，你若是不感到不快，请寄一本给我。我在这里预先道谢，不另写信了。

字里行间，客气礼貌。那时，她待他，只是陌生人而已。从此后，你是你，我是我，却再没有我们。

这段曾经震动上海滩的倾城之恋，就这样谢幕了。胡兰成说："爱玲是我的不是我的，也都一样，有她在世上就好。"这应该是最后的话了吧。从此后，他们就真的，桥是桥，路是路，再不相干。

张爱玲说："普通人的一生，再好也是桃花扇，撞破了头，血溅到扇子上，就这上面略加点染成一枝桃花。"胡兰成虽然在她心间化作了烟尘，但依旧浸染了她的江山，给她带来无尽的麻烦。

抗战胜利后，她也是开心的，也曾与炎樱一起，混在欢呼雀跃的人潮中，喜笑颜开地呼吸着空气中泛滥的自由气息。只是胡兰成逃亡后，如雪花般纷飞的报纸，对漏网的汉奸一一点名，她因为是胡兰成没有带走的妻，被民众汹涌爆发的愤怒淹没，被无数声浪谩骂。

政治问罪的时候，各种议论纷至沓来，再没有人相信她是无辜的。因为曾与汉奸胡兰成恋爱，她落下了抹不去的话柄，又因为在沦陷期间发表过文章，她被冠上文化汉奸之名，连报纸上所列的“大东亚文学者大会”上都有她的名字。

曾经的风华绝代，霎时间成了无法抹去的污点。与她一同受到谩骂丑诋的，还有同样风华绝代的朋友苏青，《敌人投降了，苏青大哭三天三夜》《性的诱惑》等讽刺性的言语和文章，此起彼伏。

素来泼辣的苏青，气愤不已，她大声辩解道：

“是的，我在上海沦陷期间卖过文，但那是我‘适逢其时’，亦‘不得已’耳，不是故意选定的这个黄道吉期才动笔的。我没有高喊打倒什么帝国主义，那是我怕进宪兵队受苦刑，而且即使无甚危险，我也向来不大高兴喊口号的。我以为我的问题不在卖文不卖文，而在于所卖的文是否危害民国的。否则正如米商也卖过米，黄包车夫也拉过任何客人一般，假如国家不否认我们在沦陷区的人民也尚有苟延残喘的权利的话，我就是如此苟延残喘下来了，心中并无愧作。

“在这里我还要郑重声明：当时我是绝对没有想到内地去过，因为我在内地也是一个可靠的亲友都没有的。假如我赶时髦地进去了，结果仍旧卖文，而且我所能写的文章还是关于社会人生家庭妇女这么一套的，抗战意识也参加不进去，正如我在上海投稿也始终未歌颂过什么大东亚一般。”

张子静说：“抗战胜利后的一年里，我姊姊在上海文坛可说销声匿迹。以前常常向她约稿的刊物，有的关了门，有的怕沾惹文化汉奸的罪名，也不敢再向她约稿。她本来就不多话，关在家里自我沉潜，于她而言并非难以忍受。不过与胡兰成婚姻的不确定，可能是她这段时期最深沉的煎熬。”

她没有苏青泼辣亮烈的个性，只将笔搁浅，沉默以对，但她的沉默，却还是免不了人们的各种议论。时过境迁，1947年，借由《传奇》增订本出版的机会，她第一次对各路不良舆论进行了反驳：

我自己从来没想到需要辩白，但最近一年来常常被人议论到，似乎被列为文化汉奸之一，自己也弄得莫名其妙。我所写的文章从来没有涉及政治，也没有拿过任何津贴。想想看我唯一的嫌疑就是所谓“大东亚文学者大会”第三届曾叫我参加，报上登出的名单内有我；虽然我写了辞函去（那封信我还记得，因为很短，仅只是：“承聘为第三届大东亚文学者大会代表，谨辞。张爱玲谨上。”），报上仍旧没有把名字去掉。

至于还有许多无稽的谩骂，甚而涉及我的私生活，可以辩驳之点本来非常多。而且即使有这种事实，也还牵涉不到我是否有汉奸嫌疑的问题；何况私人的事本来用不着向大众剖白，除了对自己的家长之外仿佛我没有解释的义务。所以一直缄默着。

一事不顺，万事不顺。她说，没了他，她将只会是萎谢了。于是，磨难接踵而至，竟连生计都成了问题。

长的是磨难，短的是人生。她因为这场倾城的爱恋，胸膛破了洞，鲜血淋漓，痛到丢了呼吸，失去全部力气。成长的代价太过巨大，这一次，连眼泪都没有了。

嘈杂、脏乱、纷纭，时代总是被打上些特殊的烙印。在磨难中，她一步步走进现实中，为简单的生活而奔波，在毫无色彩的尘世间找寻着生趣，华丽不再，浮夸难寻。

只是她懂得，长的是磨难，短的是人生。当处于风口浪尖时，却站得顶天立地，行得无愧于心，当切断所有退路时，她勇往直前，不再留恋过往的情爱荣誉。

张子静说："1938年，我姊姊逃出了我父亲的家。1948年，我母亲离开了中国。他们都没有再回头。"

这一次，她也没有回头，不管前方是否幸福，她也要坚定地走下去。她要蜕变，即使华丽不再，也要活得大气，活出尊严。

第六章

烟雨往昔 · 人生就是一场妥协

我们再也回不去了，回不去了。也许爱不是热情，也不是怀念，不过是岁月，年深月久成了生活的一部分。

——**张爱玲·十八春**

幕后戏中，转身遇到他

张爱玲说：“是从你起，我才学会了，怎样，爱，认真的……爱到底是好的，虽然吃了苦，以后还是要爱的……”离开胡兰成，她有千万种可能，她不再说任何话，只安静饮一盏清茶，坦然地笑着。

命运给了她另一种交代——又一个男人走进她的生命。

这个男人便是桑弧。认识他，是在《倾城之恋》公演后，那时，她还是胡兰成的妻子，只是胡兰成却和另外的女人在武汉卿卿我我。

还好，因为《倾城之恋》，她忙得没有空闲。改编、选角、观戏……看着自己笔下的人物，活灵活现地活在舞台上，长了血肉，填了灵魂，她便乐在其中，好像把戏做了真。

她说：“罗兰排戏，我只看过一次，可是印象很深。第一幕流苏应当穿一件寒素的蓝布罩袍，罗兰那天恰巧就穿了这么一件，怯怯的身材，红削的腮颊，眉梢高吊，幽咽的眼，微风振箫样的声音，完全是流苏。使我吃惊，而且想：当初写《倾城之恋》，其实还可以写得这样一点的……”

罗兰，当时演戏的名角，饰演爱玲笔下的女主角白流苏。一个风靡一时的才女，一个风华绝代的美人儿，双剑合璧，只会创造更大的轰动。一个寒冷的冬夜，并没有冻住观众的热情，《倾城之恋》的首场公演，座无虚席，欢呼声此起彼伏。

她说："我希望《倾城之恋》的观众不拿它当个遥远的传奇，它是你贴身的人和事。"只是她不知，她本身便是一个传奇，惊鸿刹那，烟火绽放，璀璨绚丽。

这是张爱玲第一次接触戏剧电影，却轰动了整个上海滩，也让身为电影导演的桑弧发现了张爱玲的绝代才华。

在《倾城之恋》的结尾，她这样写："谁知道呢，也许就因为要成全她，一个大都市倾覆了。成千上万的人死去，成千上万的人痛苦着，跟着是惊天动地的大改革……"或许她的极致创作，乃至遭遇爱情和磨难，都是遇见他的伏笔。

落英飘飞，残雪纷洒，那些定格在岁月相册中的美丽，足够用一生的时光细细品味。

在她人生陷入低谷时，桑弧找到了她，郑重邀请她写《不了情》的电影剧本。行在暗夜间的爱玲，虽有犹豫，但还是答应了，她是以写作为生的人，为了养活自己也要写的。只是那时，她不知道，这个男人，使她走出泥淖，重新开出灿烂的花朵。

1947年2月，《不了情》由上海文华公司正式开拍，导演桑弧，编剧张爱玲，男女主角是当时红极一时的明星刘琼和陈燕燕。这样强大的阵容，还未上映便引起轰动，上映后，更是一炮打响，卖座极佳。

他们首次合作的大获成功，让桑弧大受鼓舞。他又让张爱玲写了剧本《太太万岁》，仍然起用当时的红角作为演员。这年冬天，该片便在上海的金都、金城、皇后、国际四大影院同时上映，整整两周，场场爆满，霎时间，花团锦簇，星光洋溢。

因为这两部电影，张爱玲收获了无数的鲜花和掌声。成与败，喜与悲，往往只是一线光阴的距离。千帆过尽后，她终于又找到了自己修行的道场，她的脸庞终于浮现了历经沧桑后的笑颜。

只是峰回路转处，总是少不了口水与文字的谩骂和讽刺。《时代日报》上一个署名胡坷的人如是骂道："寂寞的文坛上，我们突然听到歇斯底里的绝叫，原来有人在敌伪时期的行尸走肉上闻到High Comedy的芳香！跟这样的神奇的嗅觉比起来，那爱吃臭野鸡的西洋食客，那爱闻臭小脚的东亚病夫，又算得什么呢？"

还有人说："在中国这块被凌辱了千百年的土地上，到处都是脓疱，到处都是疖疤，一个艺术工作者，是不是就玩弄、欣赏、描写、反映这些脓疱和疖疤呢？这是不应该的。而张爱玲却是如此地写出了《太太万岁》。"

世上总有这样的人，拿着一张不可一世的嘴脸，只会用恶毒的人身攻击，将文艺争论变成了赤裸裸的政治谩骂。

还好，她的身边还有一群正直的朋友，炎樱、苏青、桑弧、柯灵……

桑弧是导演，爱玲是编剧，平素的交往自是密切起来。他忠厚良善，才华横溢，只是性格拘谨，从不说些哄人的甜言蜜语……因为倜傥与风流共存的胡兰成，她疲累无比，如今遇上一个敦厚老实的男人，心中滋味是无比非凡的。

有人说，他们是一对佳偶，一个导演，一个作家，一个未婚，一个前尘已了，真真是天作地和的璧人。两人的好友龚之方，更是张罗着要为两人做媒。

他去找爱玲，想要促成好姻缘。爱玲静静听他侃侃而谈，并不言语，却又不意外。她只望着窗外流动的人群，恍惚间现出不确定的神色，只是一瞬后，便缓缓摇头，然后再摇头，第三次摇头，一下下，终于不再犹豫，肯定地拒绝了。

他是个好人，她是有好感的，或许还爱着，只是与好人一起，并不意味着幸福。爱玲并不是一个轻易言爱的人，胡兰成给她的伤还没有退，如何为别的男子轻盈绽放？

他是爱慕爱玲的，只是他并不是一个勇敢的人，固执地不肯将爱说出口，更别提将爱情进行到底之类的执着行径。两人在一起时，只谈影片，情爱私事绝口不提，当龚之方的做媒被拒后，他更是不敢轻易触及其他。

有时我在想，如果桑弧有胡兰成一半的勇气，事情便会是另一番光景，爱玲不会远走他乡，也不会孤独终老。只是没有如果，或许他注定成不了爱玲的爱人，命运只是把他定义为恩人、朋友、知己的角色。

她与桑弧的爱情，还没有开始便无疾而终了。或许这并不能被称为爱情，只是一段小小的插曲。只是这段插曲，却将她从泥潭中救赎出来，在她的人生书卷上画下了浓厚的一笔。

他伴她短短一程，却赠她一生温暖。时过经年，她去了香港，两人便再也没有见过。只是锦瑟流年间，如何两两相忘？

历史的车轮滚滚向前，那页沉重过后，新的篇章开始续写。1949年，曾与她亲密合作过的出版人唐大郎和龚之方，在夏衍的支持下，兴办了一个格调健康的小报——《亦报》。旧人知己，他们重新向爱玲约稿，她应允了，只是要求以笔名为之。

笔名，只是一种保护色，是抵挡红尘风雨的硬壳。酸甜苦辣，她尝过太多，已不想花力气应对世事纷扰，更不想重蹈覆辙。

她的笔名只是梁京二字，普普通通，想来只是随手拈来的，却因为她添上一抹别样的光辉。她开始以梁京之名在《亦报》上连载《十八春》，这篇25万字的长篇小说再次创造了上海文坛的繁情盛况，在张爱玲的读者中，独爱《十八春》的人很多。

十八春，半生缘。当顾曼桢含着泪说："世均，我们再也回不去了，回不去了。"太多人流下了潸然的泪。十八载，几度沧海几度桑田，一次错过，便误了半生的情缘。前尘如梦，顾曼桢和沈世均回不去了，爱玲亦然，她何尝还回得去？

桑弧如是写道："仿佛觉得他是在变了，我觉得他仍保持原有的明艳的色调，同时，在思想感情上，他也显出比从前沉着而安稳，这是他可喜的进步。”

他便是梁京，是张爱玲，大抵为了掩人耳目，桑弧故意用了“他”，而非“她”。

离了胡兰成，虽然磨难千千万，但她倔强转身。然后遇见另一个有缘人，随遇而安，虽然错过，却依旧笑得波澜不惊。

行走在自己的国土

她是一坛烈酒，品过的人皆醉得七零八落，她是一袭华丽妖娆的袍子，看过的人皆爱不释手，她是风靡上海滩的极致，信手拈来的文字是洋洋洒洒的风华绝代。

只是时代在变，写作的主题风格也在变，而她，只想写自己喜欢的字，说自己喜欢的故事。半年后，她又写了一个中篇小说——《小艾》，却没有如《十八春》那般造成大的轰动。或许各位看客已经审美疲劳，或许口味已经改变，总之，写完《小艾》后她便匆匆收笔。

她怔忪了，有些许迷惘疲倦。帷幕拉开，却发现舞台早已不是原来那个，她只想提前离场。这一次，她再次转身，无关他人，不为其他，只为了自己华丽绽放。

只是，洗尽铅华后，褪下这身熟悉的旗袍，她又该去向哪里，归至何处？

她去了趟杭州，以游者的身份。湖光潋滟，碧水青山，面对西湖的诗情画意，她只觉格格不入。苏堤悠长，亭阁典雅，这柔软的江南水乡，是她不敢触摸的遥远清凉，只衬托着她的冷艳苍凉。

终究是不合适的，她这缕属于民国的浩荡风烟，学不来小家碧玉的温婉姿态。所以她离开了，仓皇逃离，这如水般流淌的柔软质地，暴露了她的寂寥和无可言说的伤。

下一站，香港。1952年7月，她对外宣称“继续因战事而中断的学业”，便没了交代，独自去了这座久违的城市。

十年前，她与炎樱一起匆匆离开，十年后，她孤身一人重返故地。十载春秋，悠悠过往，沧海桑田只是弹指一挥间。

香港，这座城依旧繁华绚烂，充斥着物欲横流和涌动暗流。

其实，物欲横流没什么不好，暗流涌动也没什么关系。大隐隐于市，在这里，她只是一个普普通通的人，没有人关注她，也没有人在意她，她可以若无其事地孤独，也可以肆无忌惮地做梦。

有人不明白，重新站在上海文坛舞台的她为何要如此决绝地转身，也有人说，如果她继续留在那里，多几年的历练，给生命加强一点受过折磨的活力，或许会更加成熟，更加文采飞扬。只是她若真的留下，那文化汉奸的唾骂不会放过她，那浩浩荡荡的政治审判，也不会放过她。

在《十八春》曲终散场时，她为慕瑾写下这样的话语：

我从前那个想法是不对的。我对政治从来不感兴趣，我总想着政治这样东西范围太大了，也太渺茫了，理想不一定能实行，实行起来也不见得能合理想。我宁可就我本人力量所及，眼睛看到的地方，做一点自己认为有益的事，做到一点是一点。

所以还是那句话："政治决定一切。你不管政治，政治要找上你。"

政治终究不会放过她。几年前，她也说过："时代是仓促的，已经在破坏中，还有更大的破坏要来。"或许她早有预感，所以果断离开，那来之不易的尊荣，终究不是可以诱惑她的东西。

那一年，她32岁，不再是那个不谙世事的稚嫩小女生。只是韶光已逝，容颜更改，港大校园却依旧绿阔千红。看着熟悉的一切，她的内心百转千回，涌现千丝万缕的情绪，不可言说。

几经波折，她终于在港大正式注册复读。只是那时，离开上海文坛的她，失了作家的职业，也失了经济来源，当为数不多的积蓄花掉后，她遇到了生存问题，开始陷入困窘的生活里。

她如同一只失了羽翼的大雁，飘落异乡，只得站在悬崖峭壁上，受着雨打风吹的无情摧残。万般无奈下，她只好出去谋职工作，在好友炎樱的邀请下，她辗转去了东京谋求出路，不承想却处处碰壁，只好灰头土脸地重返香港。

月色正浓，天际厚重的云层悄悄掩了来。她仓促离开香港的事激怒了校方也激怒了贝查，港大拒绝接收她继续就读。为了此事，爱玲专门拿着祖传的一套搪瓷珐琅银茶杯，亲自上门给贝查道歉，只是这个贝查，收了古董，却依旧怒气十足地不依不饶，气得爱玲直道浪费了母亲大好的古董。

她说："香港是一个华美的但是悲哀的城。"事已至此，她是傲气的女子，终不会厚着脸皮强求些什么，更何况之前的复学，也只是一个理由、一个借口。她毅然绝然地离开了，找了个住的地方，便开始了自己的谋职生涯。

在这个淡漠的城市里，白眼和冷遇太多，这些她都懂，便也不以为意。后来经人介绍，她在美国驻香港总领事馆新闻处寻到了一份翻译的工作。命运还是向她张开了温暖的怀抱。

她是曾几度风靡的年轻女作家，骨子里多的是誓死相随的才华，再加上十年前在港大求学时对英语的大肆训练，这个喜欢精致的女人，翻译对她只是一件单纯简单的工作。

她先后翻译过多部外国畅销作品，包括《老人与海》《无头骑士》《爱默森选集》等，其中，海明威的《老人与海》，一经出版便被誉为译本中的经典。

在香港的日子，她渐渐找回曾经的那个自己，也寻回了那些细小的品质。一次，名为马宽德的美国作家来香港访问，美国驻香港总领事馆新闻处处长麦卡锡负责招待。在欢迎仪式上，应邀出席的张爱玲，一袭束身旗袍，过处曳曳生花，叫那位作家看得瞠目结舌，大叹惊艳，甚至将她的一言一行都视为时尚。

她是艳丽的玫瑰花，是妖娆的曼陀罗，她是姹紫嫣红间最高傲的一个，也是最醉人的一个。

虽然如此，翻译毕竟只是工作，她骨子里爱着的还是写作。在那期间，她以自己喜欢的清淡文笔，写着自己喜欢的故事，小说《秧歌》《赤地之恋》，还有电影剧本《小儿女》和《南北喜相逢》等被创作出来。洗尽铅华呈素姿，天然淡妆，一气呵成，又不失真味。

得意或失意，伤心或难过，文字一直都在她的心间，是她无法割舍的情结。她愿用文字抒怀，用文字疗伤。

《秧歌》是她用英文写的第一篇小说，那时她并不十分自信，便先寄给宋淇夫妇过目，然后才将稿件寄给了美国的出版人。

有才华，便有用武之处。她的小说得到了麦卡锡的认可，他不住地称赞爱玲是文学天才，是可以将英文小说写得最好的中国人之一。后来，《秧歌》在美国出版，也造成了不错的反响。有人说："这本动人的书，作者的第一部英文创作。所显示出的熟练英文技巧，使我们生下来就用英文的，也感到羡慕。"

只是后来，她将《秧歌》译为中文，在香港出版中英双版本时，销售却一片惨淡。或许人们依旧沉浸在以前《倾城之恋》

《十八春》《红玫瑰与白玫瑰》的花满枝头中，便无法走进如今清淡自然的碧水之间。

她所写的《赤地之恋》销售也是惨淡一片。行在人生路上，她转弯踏入新的旅程，奈何读者却依旧想着民国旧时的花开花落，迷恋着张爱玲笔下的妖艳世界，终究不会懂得，也品不了这盏淡淡的清茶。

还好那时，她认识了宋淇夫妇。这对在20世纪40年代曾在上海生活过的夫妇，对张爱玲早就爱慕不已，而这次邂逅香港，更让三人生出相伴终生的友谊。

都是性情中人，对这个在香港孤身一人举目无亲的偶像，他们仰慕她，爱她怜她，也时时帮助着她。他们在自己家的近处为她租了房子，为她过滤外界干扰……天涯羁旅，因为宋淇夫妇，她依旧觉得天高风清，温情几许。

几番流转，浮生若梦。行走在自己的国土，生活是自己的，喜欢不喜欢，只有自己知道。

在香港，她待了三年，不长不短，不痛不痒。原来，有一种情绪叫离开，也有一种心情叫休憩。

因为爱过，所以懂得

一念花开，一念花落。轰轰烈烈后，她只想在这山长水远的人世间，寻一处巢穴，守着红泥火炉，等待时光的复原。

所以她来了香港，想要寻觅一份真正的休憩。只是在中国的土地上，她终究逃不脱，逃不脱那恼人的旋涡，觅不到那真正的归宿。

虽然《秧歌》和《赤地之恋》的销售惨淡一片，但她还是火了，因为张爱玲这个名字和曾经的名声。

她曾经在大陆红极一时的作品，一篇篇全被挖掘了出来，在香港重新印行，只是大多是盗版。更有甚者，为谋利润，还有作者模仿她的文笔，模仿她的故事，最后名字干脆也署上她的。

对此，她哭笑不得。香港这个热闹纷呈的弹丸之地，还是将火引到了她的身上。虽然来港时，在她只是权宜之计，没有想过落地生根，可这一次，她真的要离开了，只是这次的终点，是太平洋的另一边。

1953年，美国颁布难民法令，允许有专长的人士申请美国永久居留权。借着这道风，她飞往美国，以一个新的身份——难民。

那是一个全新的世界，给她不同的生活场景。在那里，她不是知名作家，也不是什么文化汉奸，在那里，有她此生最好的朋友炎樱，还有敬爱的胡适先生。

纽约，作为世界之都，高楼林立，车水马龙，有着光鲜的外表和繁华的街市。行在摩天大楼间，她眺望着远处宽敞肃穆的教堂，以及飞过的群群白鸽，世界如此安详，在熙来人往的喧闹中，她是不起眼的存在，这让她觉得安全无比。

回转身，她便见到了那抹熟悉的倩影。好友重逢，自有说不完的情意。恍惚间，隔着婆娑的雾气，她看到了时光的彼岸，两张青葱无害的脸所张扬着的无谓傻气。时光的这岸，拥抱无言，她们一起逛街吃饭，默契温馨，一如往昔。

她拉着炎樱去拜见了胡适，这个曾经参与政坛的男人，如今在纽约闲逸安宁地生活着。爱玲在《忆胡适》一文中写："适之先生穿着长袍子。她太太带点安徽口音……态度有点生涩。我想她也许有些地方永远是适之先生的学生，使我立刻想起读到的关于他们是旧时婚姻罕有的幸福的例子。"

她与胡适先生相谈甚欢，连炎樱也操着蹩脚的国语插着话。之后，胡适便一直对这个初至异国的爱玲很是关照，怕她寂寞，便不时打电话聊聊家常。

爱玲在炎樱处住了一段时间，觉得并非长久之计，便搬去了救世军办的女子宿舍，那是救济贫民的处所，混乱萧索，但她安之若素。她早就没了家，在这陌生的城，只要没有人对她指手画脚，她便满足了。

一日，胡适先生前来探望，爱玲受宠若惊，却只能在如礼堂般巨大却黑洞洞的客厅招待他。她抱歉地笑笑，胡适却直赞地方好，看她的眼神带着怜惜、钦佩和欣赏。

胡适坐了一阵便走了，爱玲起身相送，她站在台阶上，看着先生渐渐远去的慈父般背影，唏嘘不已。

在陌生的国度，爱玲渐渐褪去华丽的光环，成了一个迷惘的观者，演着自己一个人的独角戏。幸好还有胡适，这个儒雅的老者给了她太多温情的时刻。只是这次别后，她离开了纽约，两人再无来往，直到1962年先生去世的噩耗传来。

女子宿舍并不是长久居所。1956年2月，她给位于新罕布什尔州的麦克道威尔文艺营寄去信件，正式提出入营申请：

亲爱的先生/夫人：

我是一个来自香港的作家，根据一九五三年颁布的难民法令，移居来此。我在去年十月份来到这个国家。除了写作所得之外别无其他收入来源。目前的经济压力逼使我向文艺营申请免费栖身，俾能让我完成已经动手在写的小说。我不揣冒昧，要求从三月十三日到六月三十日期间允许我居住在文艺营，希望在冬季结束的五月十五日之后能继续留在贵营。

张爱玲敬启

她不是扭捏之人，在落魄时，自会大方求援。看似卑微的选择，因为行得理直气壮，便不再卑微。她的申请，很快得到愿意接纳的回复，张爱玲这叶孤舟，又找到了一个可以暂时停泊的港口。

只是那时，没人知道，一场爱的盛宴正在等着这位东方的女子。与胡兰成那段刻骨纠葛后，与桑弧又无疾而终，她只觉自己当真是萎谢了。只是爱是她逃不脱的劫难，她的感情世界，注定不会如此简单。冥冥中，一切自有安排。

在那宁静的庄园里，她遇见了生命中的第三个男子——赖雅（全名叫甫德南·赖雅）。那一年，她36岁，赖雅65岁，一个风华正茂，一个风烛残年。她说：“爱情使人忘记时间，时间也使人忘记爱情。”于是他们相爱了，跨越国界，跨越时间。

只是他是怎样的男子，才会让这个历经沧桑的东方才女，在时过境迁后轻盈转身，为他绽放?

赖雅，德国移民后裔，文学天才，知识渊博，洒脱豪放。他结过一次婚，育有一女，后因不喜婚姻束缚，便离了婚。一生放荡不羁爱自由，从此后，他的生活更加散漫随性，辗转在文艺营间，周游列国，卖字为生。

这样看来，赖雅年轻时的放荡不羁，竟与胡兰成有几分相似。只是她遇上胡兰成时，他风华正茂，不懂珍惜，而她遇上赖雅时，他年过花甲，浪子回头。

原来，在正确的时间，遇上正确的人，才是真正的幸福。

在文艺营，她是寡言的东方女子，习惯一个人在木屋的轩窗下，守着一杯咖啡和一盆炉火，安静写作。累的时候，便啜一口咖啡，望望窗外空明的寂静山林，任漫无边际的思绪飞扬。

而赖雅，他是身着白衣白裤的白发老人，习惯在社交大厅高谈阔论。他是温厚的长者，又带着些童心未泯的风趣幽默，举手投足间，不见老态，只觉飘逸潇洒。

只有一个人的日子，总是寂寞的。在一个飞雪的冬日，她与赖雅不期而遇，一起聊聊人生、谈谈文化，怎奈越聊越投缘。这个有童心的老人，为逗她一笑，愿意给她讲些亲历的奇闻趣事，说些俏皮的话语。

她笑了，那久违畅快的笑意溢满眉梢，她笑了，那宁静处的寂寞早已没了踪影。笑着笑着，她突然明了，时过境迁后，她再要不起轰动惨烈的爱情，她要的原来是一个愿意逗她笑的男子，在相携的岁月里，岁月静好。

这一次，她不求执手偕老，只求顺其自然。

他们在一起了。一个西方绅士，一个东方女子，一个游荡四方，意气风发，一个独辟一隅，沉默寡言，他们如此不同，却又如此懂得。她说："我们很接近，一句话还没说完，已经觉得多余。"于是，在那温暖的小木屋里，温柔相持，依偎取暖。

那时，他们只求同行，不谈婚姻，不提誓言。她沉醉在这个男人所给的平淡幸福间，而赖雅，也为这个独具风韵的东方女子所倾倒。只是在如水光阴里，两个人只是无根的浮萍，终给不起承诺，也玩不起奋不顾身的爱情游戏。

因为爱过，所以懂得。她再不会为一个男人，低至尘埃。而一直四海为家的赖雅，早已习惯了孑然放荡，也没有想过受情牵绊。于是，当赖雅在文艺营的期限到时，他便离开，去纽约北部的耶多文艺营，而她收起悲伤，笑着起身相送。

他说："我老了，如果我还年轻的话，我一定不会错过你的。"

在离别的车站，他们若无其事地说些不着边际的话。火车汽笛声响起时，他才依依不舍地上了车。透过车窗，他望着爱玲瘦削挺立的身体，竟生出许多无以言说的牵挂和不舍。火车轰隆隆地向前开去，她的身影一闪而过，那声"再见，别忘了来信"，终究只散落在空气里。

再见，那时他们并未想过还会再见。那时他们不知道，上帝听到了他心底的声音，便用一个生命将他们捆绑。

再见，不再遥遥无期。

平凡也是一种幸福

幸福是什么？撕心裂肺、轰轰烈烈地爱一场，还是指尖相携，温暖相依的平淡生活？生活给了你场景，却给不了唯一，爱或不爱，幸福或酸苦，骗得了旁人，却唯独骗不了自己。

赖雅走后，她竟然发现自己怀孕了。或许两人命定的缘分还没有了结，或许他们注定要在一起，所以上苍给他们送来爱情的结晶，送来曾经欢爱相携的证据。

她有瞬间的慌乱和惊讶，这个没有征兆的孩子，乱了她的生活，也乱了她的心。只是一瞬之后，她便恢复了惯有的平静，她摊开稿子，给离开两月之久的赖雅写了信，告知他这个不知是喜还是悲的消息。

7月5日，已经从耶多文艺营搬到萨拉托卡泉镇的罗素旅馆中的赖雅收到了爱玲的信件。当他拆开信件看到那关于怀孕的言语后，心脏怦怦直跳，他激动万分，却又踌躇不已。

在午后明媚的阳光下，在咖啡的浓郁芬芳里，他任思绪翻飞，肆无忌惮地想念着爱玲，这个特别的东方女人。他爱她，两个月的时间里，他想她念她，却觉得回不去了，可如今，她有了自己的孩子，无论这是劫难，还是幸运，可一定是命定的缘分。

他是漂荡浮沉的浪子，不喜婚姻的束缚。可这一次，他愿意为了爱玲，结束四海为家的生活，走进婚姻，无论那里是辉煌的殿堂，还是索命的枷锁。只是他有些害怕，江郎才尽自身难保的自己，能否许她现世安稳，羸弱多病风烛残年的自己，是否会成为她一生的累赘。

理智和感情纠葛成一团乱麻，他道不出所以然。只是这一刻，他只想与这个思念着的女子渔樵耕读，共看云起。他再顾不上许多，迫不及待地写信向爱玲求婚，又冒着大雨将信寄出。那一刻，他青春重现，冲动如稚嫩的少年。

她答应了。收拾行囊，她再次踏上征途，这一次，腹中孩子与她同行，这一次，她去奔赴一个向她求婚的男人。既然是命运安排，她愿意顺流而下，沿着狭长的年月走向有他的地方，与他相依相偎，冷暖与共。

赖雅早已在火车站等待着自己的新娘。她来了，那清淡的东方轮廓，让他涌出久违的温暖。两个人在熙来人往的车站久久对视，轻轻拥抱，只有默契的沉默不语。有时候，一个眼神、一个动作，便可以抵过千言万语。

在静谧的夜色里，他们回到旅馆。安顿好一切后，赖雅单膝跪地，正式向她求了婚。他愿意娶她，以爱为名。她毫不犹豫地答应了，既然他愿意许下承诺，她便愿意嫁他，相携相随。

在茫茫人海中，她偏偏遇上他，于是爱来了，绚烂花朵应运而生。

赖雅求婚时提出了将孩子流掉的想法。他不喜欢小孩，而这次，两人依旧不谋而合。她是女人，却生性凉薄，终不会母性泛滥到拥有应对一个吵闹婴孩的足够耐心。而赖雅，这个将骨肉称为“东西”的男人，也注定成不了慈爱的父亲。那么，既然不能给他安稳的母爱和父爱，还不如，不要他可怜兮兮地来到世上。

他和她，因为爱玲肚子的骨肉，再次重逢，迈入婚姻。只是当一切发生时，却发现骨肉不是结果，只是在一起的契机。

她去了医院，流了孩子，也永远失去了做母亲的权利。我不知这对爱玲来说算不算血的代价，也不知她是否会在午夜梦回时怅然不已。无论如何，一切都无法挽回，也失去了纠缠的意义。重要的是他和赖雅结婚了，成为名正言顺的他们。

1956年8月14日，他们在纽约市政府办结婚公证，赖雅的好友马莉·勒德尔与张爱玲的挚友炎樱为两人证婚，两人正式结为夫妇。从此以后，有一个人愿意与他相携相伴，爱玲终于不再孤苦伶仃，茕茕孑立。

这一次，她不求轰轰烈烈，只求守着婚姻，守着这份平凡的幸福。

简单婚礼后，他们携手游遍了整个纽约，当作两人的蜜月旅行。穷苦夫妻，他们没有钱去制造浪漫，但他们自由漫步在纽约的大街小巷，在自由女神像下祈祷许愿，在美丽橱窗下拍照留念，在楼顶俯瞰整个光怪陆离的城……他们寻觅着属于两个人的浪漫，享受属于两个人的愉悦。

他们只是寻常的新婚夫妻，带着满满的期待，甜蜜地腻在蜜月旅行间。

蜜月归来，他们相携回家。家，她在小时候便遗失了的久远味道，这次又回到身边，从此以后，有他的地方便是家，即使只是暂时租住的简单小房子。

同枕同眠，同修同行，两个不同的人，因为婚姻有了紧密的连接。新婚伊始，他们表现出明显的生活差别。张爱玲是孤僻的东方女子，不喜外出，不爱结交，晚睡晚起，不问外事。赖雅是外向的西方男人，自由散漫，喜欢交友，早睡早起，享受晨光中畅快新鲜的空气。

只是他们依旧默契地守着自己的生活习惯，甜蜜融洽，没有不适，也不用改变。

他喜欢清晨醒来，爱玲在身边的日子。在从窗帘缝隙透过的光线里，他倚在床边，静静凝视妻子柔和舒缓的睡颜，觉得这样如水的时光很是平凡，但安稳美好。他感谢上帝，感谢马克思，让他在迟暮的岁月里，有这样可爱倔强的妻子，朝夕相伴。

他轻轻亲吻她的脸颊，轻抚她额头的碎发，如寻常丈夫般亲昵自然。他小声下床，蹑手蹑脚地走向厨房，为她煮一杯纯正的意大利咖啡，哪怕要花费一上午的时间研磨咖啡豆，他也不嫌麻烦，甘之如饴。

爱玲在满屋浓郁的咖啡香气中醒来，带着初醒的倦怠和不设防的淡淡笑意。她走出起居室，看到在厨房忙碌的赖雅，阳光倾泻在他的身上，那温柔的背影，带着逆转时光的神奇魔力，让她心中涌出满满的暖意。她感谢他，感谢上苍，在寂寥的年岁里，给她这份可遇不可求的婚姻，给她现世安稳的一个家。

10月，他们一同回了麦克道威尔文艺营，这个相识相爱的地方，载满了他们的幸福回忆。站在门口，那街那院那木屋，依旧那么熟悉，拥有田园牧歌的美丽，她不禁莞尔，心存感激。这里成全了她与赖雅的爱情，也成全了两人的婚姻。

只是，日子才刚刚开始。

一日清晨，张爱玲被赖雅凄厉的呼唤惊醒，竟发现赖雅半躺在地上不能翻身，她大惊失色，猛地从床上跳起，手忙脚乱地将他扶上床，便又急急忙忙地去请医生，经过诊断，是中风。她突然明白，自己依赖的丈夫，已经是垂老的年纪。

12月19日，赖雅再次中风。只是这次发病来势汹汹，她不得已将他送去医院。为了丈夫，她在争分夺秒地与死神战斗。这一仗，她赢了，望着赖雅憔悴惨白的脸，她明白，这个男人已脆弱至此。

不知不觉，角色互换，她成了赖雅依靠的拐杖。可她甘愿，既然选择携手，便是不离不弃。

1957年的4月，文艺营的期限到了，他们搬到了彼得堡松树街25号的一家公寓，虽然家徒四壁，不甚宽敞，却不再是流离失所的寄人篱下。她心情不错，亲自拎着油漆桶，将墙壁粉刷成天蓝色，她要与赖雅一起，在海天之间风雨同舟。

那是只属于两个人的家，温暖如春，其乐融融。闲暇时，他们一起窝在床上，看书赏画，一起在黄昏的余晖里散步，一起去镇上小小的电影院看场周末档……他们享受着只属于两个人的时光，沉浸在这单纯的平凡美好间。

在圣诞节，她也会洗手做羹饭，为一个浪漫的圣诞夜谋划。夜晚，她点上蜡烛，端上精心烹制的中国菜和西式餐点，倒上两杯香槟，浅笑涟涟地对赖雅说："圣诞节快乐！"

知道妻子不喜见人，赖雅便悄悄买下一只山羊，还故作神秘地说："爱玲，外面来了我们的一位老朋友，你出来见一下吧。"当爱玲皱着眉拒绝时，他又恶作剧般地说是一头山羊。于是爱玲欢欢喜喜地跑去，如孩子般笑靨如花。

太多太多，平凡幸福的瞬间值得一生铭记。他们平凡着，幸福着。其实，平凡何尝不是一种幸福？

请原谅现在的我

她与赖雅，享受着平淡中的点滴温情。只是日子不总是甜的，她与赖雅的固定收入只有很少的版税费和社保金，根本无法维系最低的生活水准。她只能拼命写作，但可遇不可求的灵感总是辜负她，徒劳无果。

她以在上海时的成名之作《金锁记》为底本，写了英文的《粉泪》，却被告知不予出版。她投的其他稿件，一篇篇都石沉大海。这个曾经风靡上海滩的女子，在美国却无人问津，她只觉被黑色幕布蒙住了双眼，无所适从。

她病倒了，卧床不起，再无心写作，也无法写作。每天她只沉默地盯着窗外黑白变幻，心一点点沉入谷底。

还好，她还有个心疼她的赖雅。那段时间，他对她悉心照顾，轻声劝慰，她的病终于在缠绵几十日后慢慢好转，心情也慢慢平复。

为了生计，她又将目光转回香港。在老友宋淇的邀请下，她开始为香港电懋影业公司写剧本，《情场如战场》《人财两得》《六月新娘》《桃花运》《小儿女》……虽然作品并非出于本心，但她仍不辞辛苦一篇篇写着，这是她很长时间内的最主要收入。

8月中旬，萧瑟的秋色已占据整个小镇，在这落叶纷飞的时刻，她收到了母亲病危的加急电报。那一刻，她的心凌乱一片，她多想飞到母亲的身边，哪怕只看她一眼。可现实太过残酷，她没有钱，根本买不起飞往伦敦的机票。

母亲走了，永远地离开了这个世界，她为数不多的亲人又少了一个。

不久后，一只箱子从伦敦漂洋而来。她坐在地板上，将箱子缓缓开启，当看到满满的古董和照片一类的遗物时，终于泣不成声。这是母亲留给她的全部，那个有着亮丽容颜的女子再不会向她款款走来。

她多想将一切好好珍藏，保留下母亲在世时的点点记忆。只是在捉襟见肘的拮据日子里，她再也顾不了许多，那一件件古董，在后来的日子里，被她逐个变卖。只是她是如此愧疚，在母亲最后的年月，自己不在身边，并且后来还将最后的念想换了钱。

人来人往，花谢花开，时间不会因为你的悲伤而静止，转眼便进入了1958年。爱玲突然厌倦了小镇的单调枯燥，这份厌倦如枯草般肆意生长，影响着她的创作。她想要搬到都市去，大隐隐于市，城市的喧哗更让她心安，这是她骨子里的独特情结。

10月中旬，在胡适的作保下，他们拿到了南加州的亨亭顿·哈特福基金会半年的居住资格。张爱玲心情愉悦地打包行囊，与赖雅一起踏上了开往南加州的列车。那里繁华如斯，他们住在如宫殿般美丽的大房子里，远处是浩瀚的太平洋。

半年后，基金会居住期满，他们又把家搬到了旧金山。在这个连风中都带着清淡海鲜味道的滨海城市，张爱玲浩浩荡荡地计划着写一部以西安事变为背景的长篇小说——《少帅》。

她想借这篇崭新的作品，寻回曾经的辉煌，以及亮丽洒脱的生活。所以她很是慎重地进行着宏伟的创作计划，张罗着去台湾收集些史事资料，采访一下张学良本人，然后再去香港探望一下老朋友宋淇，寻觅更理想的创作题材。

只是她放心不下年迈体弱的赖雅，她矛盾着，纠结着，终是一拖再拖。

1960年7月，她正式拿到了美国公民的身份。1961年3月，炎樱来旧金山探望她，两人进行了最后一次促膝长谈。那时炎樱已经结婚，衣食无忧，眉眼溢满幸福，她真心为好友高兴，却也怅然，在这样的刺激下，她终于决定回国一趟。

赖雅知道她的决定后，大吃一惊。这几年，他已经习惯了与她相濡以沫的日子，他害怕爱玲一去便不再复返，他在日记中写道："死亡一样的重击，心脏被重创，身体在发抖，闭上眼，有如长眠，不再醒来。"

在沮丧不安的情绪里，他大病一场。看到这样的丈夫，爱玲很是内疚为难，她衣不解带，日夜精心照料。看到这样的爱玲，赖雅终是不忍，他点了头，当即给女儿霏丝写了信，搬到了她家附近，他不要成为妻子追逐梦想的累赘。

你若要走，我便放手，给你自由天空。

她心里的石头落了地。1961年10月，她离开了旧金山，孤身一人飞往台湾。再见了，赖雅，请原谅这样离开的我，只是我一定会回来。

久违了，黄皮肤黑头发，久违了，字正腔圆的中国话。

她曾经的老上司麦卡锡热情地接待了她，他将爱玲迎进了阳明山附近的豪华别墅里。这里富丽堂皇，仆从如云，而她是主角，是尊贵的客人。

麦卡锡专门为她设宴接风，白先勇、王祯和等文坛声名鹊起的名人做陪。觥筹交错间，她被人簇拥着，恍惚间，她只觉美国的颠沛流离只是一场梦，自己依旧是她十里洋场里那个孤傲的传奇女子。

那几日，她辗转在台湾的街巷，开心无比。只是命运是个爱捉弄人的调皮小孩，在台东的火车站，她收到了赖雅再次中风的消息。

酒醒了，梦消了，她凭窗远眺，只觉夜凉如水。

快马加鞭，她不顾舟车劳顿，连夜赶回了台北。到了台北，她直接杀到麦卡锡处，询问赖雅的情况。当麦卡锡遗憾地告诉她，赖雅在去华盛顿的路上严重中风，霏丝已经将他送到华盛顿的医院治疗时，她的心千缠百绕。还好，他还活着，她多想立刻飞回去陪他，可她所有的钱只买得起到加州的机票。

遥望远方浩瀚无垠的太平洋，她脸色清淡，心中早已风起云涌。她知道大洋彼岸的丈夫在盼着她归去，可是就算借钱买了机票，可潦倒依旧，早晚会走到山穷水尽的地步。

她咬了咬牙，登上飞往香港的航班。东方之行不能如此仓促结束。她低声祷告："亲爱的赖雅，祝你健康！我会尽快地飞回到你的身边！"

请原谅这样的我。抱歉，在你生病的时刻，不能伴你左右。

她是孤傲的张爱玲，命运偏偏让她陷在红尘的漩涡中。一次次抉择，痛苦而艰难，她虽走得坚定，可心中的挣扎和苦痛，不言而喻，却无人可说。

香港，时过经年，张爱玲在山穷水尽时，重返她的怀抱，只是不知她是否还记得这位穿梭过民国烟雨的孤高女子。万象纷纭间，城虽然还是那个城，但那个青涩的少女早就随风远去，人早已换了模样。

在好友宋淇的邀请下，她开始为电懋公司创作《红楼梦》上下集的电影剧本。曾经她迟迟不肯动笔，不肯让这部经典之作沦为取悦观众的言情戏码。可这次，两千美元的稿酬让她妥协了。她的丈夫，在拖着沉重的病体等着她，现实的俗物容不得半分阳春白雪。

她整理好七零八落的心情，在宋淇夫妇家附近的旅馆租了个小房间，全心全意地投入了剧本的创作。为了尽快完成，她日夜兼程，直写到手指僵硬，眼膜出血，直写到浑身疼痛，双腿浮肿。为了五斗米，她折了腰，写作不再优雅舒心，成了心力交瘁的疲累和煎熬。

经过艰辛努力，她总算完成了剧本，只是当她忙不迭地将稿子交给宋淇时，宋淇却说自己做不了主，最后的决策权在老板手上。她只好继续等着，直到等到心如冰霜，不能再等。

在等待的日子里，她写了另一部剧本，稿酬八百美元。她一边写稿，一边等待，一边不断给赖雅写着信。只是对迟迟不归的妻子，赖雅心生怪怨，连连催促她赶紧回去。

在万家灯火的春节，在旅馆冰冷的小房间，她等到了一个冰凉的消息，因为别的公司抢先拍摄《红楼梦》，公司生出换刀之意，她那没日没夜的努力付诸东流。一瞬间，她只觉自己掉进了冰窖，冻住了仅剩的那丝希冀。

辜负，总是太过轻易。这次，香港伤她至此，她再也没有理由待下去。1962年3月，她回了美国，永远作别了东方的碧海云天。

时光，如果可以，请忘记这样的张爱玲，也请原谅，这个抛下尊严的她。

第七章

逐香尘·生命是一袭华美的袍

对于三十岁以后的人来说，十年八年不过是指缝间的事。而对于年轻人而言，三年五年就可以是一生一世。

——张爱玲·十八春

她不是笼子里的鸟，笼子里的鸟，开了笼，还会飞出来。她是绣在屏风上的鸟——悒郁的紫色缎子屏风上，织金云朵里的一只白鸟。年深月久了，羽毛暗了、霉了、给虫蛀了，死也还死在屏风上。

——张爱玲·茉莉香片

孤独地行走在异国

层云万里，惺惺相惜，她回来了，带着羁旅的沧桑，已经康复的赖雅早已在机场等待。接机口，当她看到颤抖着向她挥手的赖雅，一种久违的安稳油然而生，宛如劫后重生般。她走过去，与他紧紧拥抱，千言万语都搁浅在风中。

“多好，你回来了，多好，你在这里。”赖雅在她耳边轻声呢喃。只一句，暖意便盈满心间。

她很快安顿下来，有时她与赖雅一起去国会图书馆，翻阅一些写《少帅》所用的资料，有时她独自待在家里，专心埋头写作。时光如水，她的心一点点沉寂下来。

只是，温情的时光总是走得太快，命运总是想要为难一下这对老夫少妻。在一个雪花纷飞的冬日，赖雅摔断了股骨头，行动很是不便。紧接着，他又频繁中风，这一次，他瘫痪在床，再也动不了。

爱玲在赖雅的房里支了一张行军床，就近悉心照料他的饮食起居，为了生计，她还要进行繁重的写作工作。日子变得忙忙碌碌，烦琐沉重，只是她无怨，也不悔，因为他从来不是自己的累赘。

细水长流，与君语，岁月静好，与君同，繁华落尽，与君老。

日子如霜打般，一天天被无限拉长。为了改变，她便申请做迈阿密大学的驻校作家。通过后，她想将赖雅送到霏丝家暂住一段时间，可霏丝毫不客气地拒绝了，她说，“我也要上班，还有孩子要照顾，你不能这样把他留给我走人，你在当初和他结婚的时候就应该晓得他的健康情况”。

她早已知晓，亲情薄如纸。这一次，她不再多言，带着瘫痪在床的赖雅，去了迈阿密大学，只留给霏丝几箱赖雅的手稿日记和一张寥寥数语的短笺：我带不走所有的东西，这几箱垃圾麻烦你帮忙处理一下——最后一件事！

霏丝曾刻薄地嘲讽爱玲嫁给赖雅是有所图谋的。这一次，她留下了赖雅的一切，只带走了他这个瘫痪在床的人，她用简单的行动，倔强地表示自己的心意：除了赖雅这个人，一切于她都是垃圾而已。

在迈阿密大学，除了翻译晚清小说《海上花列传》，她将整颗心都放在了赖雅身上。她会在午后的阳光里，为他煮一杯咖啡，读一段报纸，讲一个故事……她只是一个寻常的妻子，一个无微不至地照顾着卧床丈夫的妻子。

1967年4月，经由夏志清先生推荐，她收到了雷德克里夫大学担任驻校作家的邀请。于是，她带着赖雅，前往麻省康桥。

时间加速越来越快，繁弦急管转入急管衰弦，急景凋年已经遥遥在望。

到康桥时，赖雅已虚弱到极点，这个乐观风趣的男人，瘦得只剩皮包骨头，每天只能无力地躺在床上，恹恹地看着爱玲进进出出。半年后，在秋叶翩跹间，他终于耗尽了所有的能量，撒手人寰。

他走了，离开了如此眷恋的妻子，离开了如此眷恋的人间。生如夏花之绚烂，死如秋叶之静美，在爱玲的陪伴下，他安静地向天堂走去。

他走了，爱玲紧紧握着他的手，却挡不住身体的余温点点抽离。从此后，世上再无赖雅，她再次孤身一人，她说，“我有时候觉得，我是一座孤岛”。

那一年，赖雅76岁，张爱玲47岁。一切尘埃落定，十一年风雨同舟的时光，飞快地划过长空，只留下叫作回忆的东西，在寂寥的梦里相会。爱玲平静地整理着丈夫的遗物，一堆堆、一件件，少了他，曾经留恋的家只是空荡的房间而已。

她将赖雅的遗物，连同骨灰盒都交给了他的女儿霏丝，从此后，她与赖雅再无瓜葛。只是自此后，她依旧冠以他的姓，孤独地行走在异国的土地上。

爱情的最后一炉香烧尽了，但她至死都是赖雅夫人。

光阴似箭，岁月如梭，赖雅走后，年年月月只是指缝间的事。她又成了自己的张爱玲，每天极少外出，只在家修修旧作品、写写新故事，她的生活，单纯如白纸。她说：“只有年轻人是自由的，年纪大了，便一寸一寸陷入习惯的泥沼里。孤独的人有他们自己的泥沼。”

1969年，她49岁，虽然眼角生了皱纹，却更添了些风韵。那一年，她被加州伯克莱大学的中国研究中心聘为高级调查员，专门研究大陆的政治术语。一个人，拥有说走就走的洒脱，她去了加州，只带着简单的行李。

那时，她早已看透世间沧桑，知晓爱恨纠葛，她再也不想染指那波澜横生的纷纷扰扰，也不想接受命运馈赠的任何惊喜。每天，她如风般飘过，只留给世人惊鸿的一瞥，却再不会稍作停留。

她在研究中心的助手在《与张爱玲擦肩而过》中如是说道：“我和她同一办公室，在走廊尽头。开门之后，先是我的办公园地，再推开一扇门进去，里面就是她的天下了。我和她之间只隔一层薄板，呼吸咳嗽之间相闻。她每天大约一点多钟到达，推开门，朝我微微一粲，一阵烟似的溜进了里屋，整个下午难得见她出来。我尽量识相地按捺住自己，不去骚扰她的清净……”

1973年，因为与顶头上司陈世骧教授的一些不愉快，她潇洒地辞了工作，去了洛杉矶。她是那树清雅的梨花，不矫揉造作，更不会哗众取宠，她不适合浮浮沉沉的滚滚红尘，离开，于她是解脱。

洛杉矶，至此后，她兜兜转转，却始终没有离开过这座城。自此后，她掩上了最后一重心门，把自己藏在喧嚣的都市里，独享清幽，专心研究《红楼梦》，翻译《海上花列传》，用文字编织属于她一个人的世外桃源。

有人叹息，她为何宁愿在异国的土地孤独行走，也不回那魂牵梦萦的大上海。或许这就是张爱玲，香港之行让她心悸，既然世事无常，她又何必庸人自扰，去一个盛满回忆的城黯然神伤，倒不如不回去，守着孤独，枕着记忆，在异国风情里安然睡去。

孤独的人有他们自己的泥沼。既然可以选择，她愿意在孤独的时光里勇敢，也不愿让记忆在物是人非里灰飞烟灭。

孤独地行走在异国。她茕茕孑立，以遗世独立的姿态，逃离命运的一次次纠缠，从此，她的世界再无人情世故，再无无端纷扰。她成了幽深庭院的梧桐花开，守着如歌岁月，迟迟不肯老去。

红楼一梦终成眠

爱玲说，人生有三恨，一恨海棠无香，二恨鲥鱼刺多，三恨《红楼梦》未完。

她对《红楼梦》有着一种终生难解的情结。七八岁时，她第一次翻开了那本纸张发黄的厚重小说，至此便结下了一生的缘分。那时，她便有神奇的直觉和惊人的领悟力，只觉八十回后，便少了津津有味的入戏感，只得一遍遍抱怨：“后面怎么不好看了？”

那时她还不知，八十回后，不再是曹雪芹先生亲自执笔。虽有遗憾，但前八十回的引人入胜，让她无法自拔，爱不释手。以后每隔几年，她都会重读一遍，随着生活阅历的丰富，那单纯的爱不释手在潜移默化间变成了强烈的感同身受，一个个形象，丰盈立体地向她奔涌而来。

有些事，冥冥间早已注定，或许命运在等着她长大，为《红楼梦》留下浓重的笔墨。

十三四岁时，她模仿曹雪芹的笔调，诙谐逼真地将摩登富丽的上海滩注入红楼梦中，写出了鸳鸯蝴蝶派的典型之作——《摩登红楼梦》。父亲看后，直叹女儿是一代才女，并亲自为她提了回目：

沧桑变幻宝黛住层楼，鸡犬升天贾琏膺景命

弭讼端翻雨覆云，赛时装嗔莺叱燕

收放心浪子别闺闱，假虔诚情郎参教典

萍梗天涯有情成眷属，凄凉黄泉同命作鸳鸯

青问浮沉良朋空洒泪，波光骀荡情侣共嬉春

陷阱设康衢娇娃蹈险，骊歌惊别梦游子伤怀

后来，当她知道，后面四十回，是由名为高鹗的后人续写时，她悲喜交加，悲的是红楼未完，喜的是枯燥的章节不是曹雪芹先生所书。那时，她便立志，一定要参透这本书，还原《红楼梦》的本来面目。

她在《红楼梦未完》中写道："有人说过'三大恨事'，是'一恨鲥鱼刺多，二恨海棠无香'，第三件记不得了，也许因为我下意识地觉得应当是‘三恨《红楼梦》未完’。”

只是越是喜欢，越是有太多执念，越是谨慎，越是不肯轻率评判。这么多年，她辗转在各个图书馆，翻阅各种版本的红学资料，她说，“我研究红学的唯一资格只能是熟读《红楼梦》了”。如此谦虚，她贪痴地看了无数遍，又翻阅了无数资料，终会在有生之年为《红楼梦》留下些什么。

1967年，该来的来过，该走的已逝。是时候了，她拿起瘦弱的笔，用一颗依旧赤诚的心，聊藉人生憾事，做一场恢宏的红楼梦魇。

她说：“偶遇拂逆，事无大小，只要‘详’一会儿《红楼梦》就好了。”

于是，她款款走进《红楼梦》的世界，看着属于大观园的风情万种，属于他们的爱恨憎恶。那里是另一个世界，宛如古旧迷宫般趣味横生，只是经过几世人有意或无意地篡改，迷宫早就变了模样，真假难辨。她说：“我一直恨不得坐时间机器飞了去，到那人家里去找出来，抢回来。”

一步步，她走得艰难，走得缓慢，却走得痴迷。

她看各种新旧不同版本的《红楼梦》，每个年代，每次删改，凌乱纷杂间，有些回首回末变得荒唐滑稽，她哭笑不得地说：“缝钉稿本该是麝月名下的工作——袭人麝月都实有其人，后来作者身边只剩下一个麝月——也可见其体恤人。”

她根据前八十回曹雪芹先生点滴隐晦的伏笔，一点点比较着曹雪芹先生的前作与高鹗续写的异同。林黛玉娇柔出场时，曹雪芹只含蓄地写“薄面含嗔”“外面罩着大红羽缎对襟褂子”，却看不出这个锦绣大观园，坐落何处，也寻不到，这个娇娇弱弱的林妹妹，长在何时。

在曹先生笔下，《红楼梦》是超越时间和空间的艺术，是虚无缥缈的空中楼阁，是云缠雾绕的世外桃源。可她发现，到了高鹗那里，大观园的婀娜女子们，却摇身穿上了满人镶绲的旗袍，束上了小巧的三寸金莲，那娇弱如柳的纤细身姿，分明坐实了年代，坐实了生活。

她研究曹雪芹先生及高鹗的生平之事，发现高鹗与曹府沾亲带故，对曹府的事情了如指掌，对《红楼梦》中一个个现实的化身也心知肚明，于是高鹗把元妃写成了那位成了讷尔苏福晋的姑奶奶，把曹先生含糊不说的秦可卿死法直言不讳，更绘出紫鹃自缢秦可卿前来相迎的桥段。

她还发现高鹗极力掩盖着宁府平静表面下的龌龊之事，为贾珍私通儿媳打着掩护，只道一切是奴仆们的造谣生事，恶意诽谤。或许是因为与现实中的化身交情不错，他将曹雪芹先生的原文肆意扭曲。

那些曹雪芹先生精心埋下的扑朔迷离的局，因高鹗三言两语的轻描淡写，成了索然无味的果。他甚至将自己曾经所纳的歌女，附身于袭人身上，而自己则是泡在美人堆中的贾宝玉，在不知不觉间，将自己与歌女的爱恨情仇，写进了红楼旧事里。

她叹息，亦惋惜，因高鹗的一己私心和自作聪明，毁掉了一代奇作的圆满结局。只是她有足够的时间和耐心，去掉恼人的浮夸，修正破碎的故事，在真实的《红楼梦》中或悲或喜。

好友宋淇知她痴迷，隔些时日便会在信上问一句：“你的《红楼梦魇》做得怎么样了？”红楼梦魇，她对“红楼”的痴迷，正是一场放不下剪不断的“梦魇”，这场梦，她一做便是十年，意犹未尽，不想转醒。

十年风雨，十年故事，她终于拨开了层层迷雾。1977年，她历经10年的红楼跋涉宣告终结，24万多字的《红楼梦魇》终于由皇冠出版社出版发行。

俞平伯先生曾感慨地说：“《红楼梦》在中国文坛上是一个梦魇，你越研究越糊涂。”对张爱玲来说，红楼便是一场浩大的梦魇，她为它痴，为它狂，为它迷，为它醉。《红楼梦未完》《红楼梦插曲》和《五详红楼梦》……一篇篇、一桩桩，她以一个小说家独到的眼光，为这本千古奇书，画下了完美的句点。

她说：“散场是时间的悲剧，少年时代一过，就被逐出伊甸园。家中发生变故，已经发生在庸俗黯淡的成人世界里。而那天经地义顺理成章的仕途不堪一击，这样靠不住。看穿了之后宝玉终于出家，履行以前对黛玉看似靠不住的誓言。”

她用十年的光阴去填补历史的缺憾，那人生第三大恨事终于了却。只是曲终人散时，不只是锣鼓喧天的喜悦，还有灯火尽消的冷清，她活着的意义又少了一个。

红楼一梦终成眠。

海上花月正春风

时光回转到1966年，那时赖雅尚弥留人间。一个叫夏志清的人，和一个叫平鑫涛的人，给了爱玲一个新的舞台，她的命运被重新安排。

她曾是民国的临水照花人，注定不会在沉寂中萎谢。夏志清在《中国现代小说史》一书中如是评价："张爱玲应该是今日中国最优秀最重要的作家，仅以小说而论，堪与英美女文豪曼苏菲尔、安泡特、菲尔蒂、麦克勒斯等相比，某些地方恐怕还要高明一筹。《金锁记》则是中国自古以来最伟大的中篇小说。"

沉寂过后，苦涩中间，是肆意的绽放。

因为夏志清的评价，她的名字在中国台湾这个与美国遥遥相望的岛屿，掀起了一波浪潮。言情教主琼瑶的丈夫、台湾畅销杂志《皇冠》的负责人平鑫涛，便是在这个时候，从宋淇那里知道了她的名字。

他开始为她出版小说，《怨女》《秧歌》《流言》《半生缘》《张爱玲小说集》……又一个风生水起的"张爱玲热"如火如荼地上演了，自此后，她的晚年岁月，成了一段绚烂璀璨的传奇。

青葱少年时，她曾在旧上海文坛掀起了轩然浪涛，如今，场景转换，她又成了台湾岛的传奇。那时，她已不再年轻，却风韵犹存，洗尽铅华后，她与生俱来的清淡之气，从信手拈来的文字中散发出来。世事沧桑后，她依旧是那个张爱玲，只是更加成熟。岁月，苍老了容颜，却奈何不了文字。

张爱玲说："我一向对出版人唯一的要求是商业道德。"她从来不是一个锱铢必较的人，只想要一懂得之人，尊重她的才情，欣赏她的才情。我不知平鑫涛是否懂得，但他拥有一双识人的慧眼，这便足够，足够张爱玲将一生的文字倾囊托付。

他们素未谋面，素昧平生。君子之交淡如水，平鑫涛如是说："张爱玲生活简朴，写来的信也是简单之至，为了不增加她的困扰，我写过去的信也都是三言两语，电报一般，连客套的问候都没有，真正是'君子之交淡如水'……我想她一定很习惯这种平淡却直接的交往方式，所以才可以彼此维持三十年的友谊而不变。"

他还说："撇开写作，她的生活非常单纯，她要求保有自我的生活，选择了孤独，甚至享受这个孤独，不以为苦。对于名声、金钱，她也不看重……和张爱玲接触三十年，虽然从没有见过面，但通的信很多，每封信固然只是三言两语，但持续性的交情却令我觉得弥足珍贵。"

他终究是懂得她的，懂得她的孤独，尊重她的生活，也给她足够的余地，去孤独，去享受。因为他，爱玲不再被困苦所缚，不再为金钱所扰，因为他，爱玲整个浸在了文字的海洋，不问世事。

她用数十载真切光阴，解红楼谜团。十年，几遭花开花落，她蜗居在闹市区好莱坞东区的老式单身公寓。闹中取静，她紧闭房门，隔断街市的喧哗，挡住尘世的喧嚣，沉浸在另一片花团锦簇的海。

十年间，她除了研究《红楼梦》，还完成了《海上花列传》国语本与英译本的翻译。她曾在给胡适先生的信中如是说：“我一直有一个志愿，希望将来能把《海上花列传》和《醒世姻缘》译成英文。”

在“大都巧为罗织，故作已甚之辞，冀震耸世间耳目”间，《海上花列传》横空出世，“终莫有如《海上花列传》之平淡而近自然者”。这部由清末韩子云用苏州话娓娓讲述的上海妓院爱情故事，被鲁迅先生评为“狭邪小说之上品”，更被胡适先生称为“吴语文学的第一部杰作”。

在轻佻的妓院，爱情如一个荒诞无稽的笑话，让人嗤之以鼻。可涅槃中的爱恋，却总是生得更加坚韧缱绻。有人说：“恋爱只能是早熟的表兄妹，一成年，就只有妓院这脏乱的角落里还许有机会。再就只有《聊斋》中狐鬼的狂想曲了。”

只是因为不懂方言，这缱绻凄丽的爱情，只在上海苏州一带流传，知晓的人并不多。温婉的吴侬软语，因为不懂，便失了些色彩。

张爱玲第一次看《海上花列传》时，只是十三四岁的年纪。她说：“许多年来无原书可温习，但也还记得很清楚。”

“《水浒传》被腰斩，《金瓶梅》是禁书，《红楼梦》没写完，《海上花》没人知道，此外就只有《三国演义》《西游记》《儒林外史》是完整普及的。三本书倒有两本是历史神话传说，缺少格雷厄姆·格林所谓‘通常的人生的回声’。”

她将《海上花列传》与各大经典名著相提并论。在她眼里，《海上花列传》便是一部没有被世人熟知的经典，这一次，她要尽自己最大的努力，让这部经典走回人们的视线里。

海上花月正春风。

她谨慎为之，连书名都斟酌一番。她先将书名暂定为“Flowers of the sea”。后来宋淇说要将“海上”之意在译名上明确指出。“海上”，上海二字的倒文，“花”，妓女的代名词，宋淇建议的译名为“The Belles of Shanghai”。她坚决反对，Belles，多用于郝思嘉般的良家美女，用以统称各色妓女总有些失真。

后来，宋淇索性点名身份，建议用“The Shanghai Sing-song Girls”。Sing-song Girls，有人评判这样的洋泾浜英文难登大雅之堂，而爱玲却很是喜欢，并亲自复信澄清它并非洋泾浜英文，并把名字定为了更为顺口的“Sing-song Girls of Shanghai”。

在人名的翻译上，她也是煞费苦心。外国人不喜欢“三字经”般的中文名字，而她又不愿随随便便地安上“鲍勃、约翰、安娜、玛丽”等简单字节的英文名字。她想要为每个出场的人物冠上独特的名，让外国读者接受，也符合东方人的韵味，于是便有了Simplycity、Benevo lence这样的名字。

她说："里面对白的语气非常难译。"吴语方言的活力，造就了人物的惟妙惟肖，而公约数般的国语却失了这样的魔力，传达说话者的口气神情，便成了她要面对的一大难题。

"小红这个人，凶末凶煞，搭耐是总算无啥。俚故歇客人末也赛过无拨，就不过耐一个人去搭俚绷绷场面，俚勿搭耐要好，再搭啥人要好？"

这是《海上花列传》中的吴语对白，爱玲如是翻译：

小红这个人，凶死了，跟你是总算不错。她这时候客人也就像是没有，就不过你一个人去替她撑撑场面，她不跟你要好，还跟谁要好？

有些懂得方言之人说爱玲的译文失了原汤原味，不及原书过瘾。人们总喜欢存些先入为主的偏见，如果他们没有看过原作，这将所述之人脾性一针见血表述，透着酣畅淋漓的韵味，更何况将方言译得滴水不漏，本是不可能之事。

终于，她将一切完成。柳存仁评论说："译笔之佳不作第二人想。"只是外国读者并不欣赏这本小说，不是她译得不好，而是西方人不喜欢东方人的这种情调。后来，她想要在香港重新发行英译本时，却发现手稿在搬家时遗失了。

1981年，国语本的《海上花列传》，在皇冠杂志社刊登发行，后来，皇冠还专门发行了单行本，并于1991年在大陆出版发行。因为爱玲，这本书走进了世人心中。

张爱玲五详《红楼梦》，

看官们三弃《海上花》。

曾经，因为方言难明，《海上花列传》被遗弃在长满青苔的墙角，后来，胡适、刘半农试着捡起，却跌了跤，寻不到出路。这一次，爱玲款款走来，用芊芊玉手拨开层层迷雾，怜惜地捡起这朵被遗忘在墙角的小花。

春风过处，海上月明花正开。

浮华与苍凉

她曾叹息说："黄卷青灯，美人迟暮，千古一辙。"浮华散去，夜色苍凉，灯火幽幽，那时她不过十几岁，如今却换了年岁，她已是美人迟暮的年纪，苍老了容颜，苍白了鬓发，模糊了年华，封闭了心扉。

1974年6月，她拿起荒废许久的电话，邀请要离开洛杉矶的庄信正夫妇来自己寓所做客。她住的公寓，是庄信正先生帮她找的，只是因为她要做彻彻底底的隐士，便含蓄地表示，无紧要事情，谢绝一切来往。于是乎，庄先生从未踏进过她生活的地方。

"在几只二百烛光的灯泡照耀下，张爱玲的房间亮如白昼。她让我们坐在客厅小桌旁的两张木椅上，然后忙着张罗泡咖啡、舀冰淇淋，要招待两个人，她好不容易才凑足碗、匙和杯子。她的客厅里，除了和我们同一牌子的小型电视机，没有其他摆设，也不见书架……”

这是庄信正的夫人对张爱玲居室的描写。她的生活，简单，纯粹，简单到客厅中只有一张桌子、两把木椅和一台小型电视机，纯粹到凑不齐多余的碗筷。这是她一个人的，与世隔绝。

那是一个浪漫的夜，他们漫无边际地闲聊，兴起处，还交换相册里的故事，在重叠的影像里，重温过去的人生。她说：“相片这东西不过是生命的碎壳。纷纷的岁月已过去，瓜子仁一粒粒咽下去，滋味各人自己知道，留给大家看的唯有那满地狼藉的黑白瓜子壳。”

一张张、一幕幕，照片中的脸凝固，或欢喜，或忧郁，那是只属于那一刻的心情，再不会在岁月的流逝间染上沧桑。她喜欢这生命的碎壳，喜欢这份将瞬间聚焦成永恒的力量。

时光漫溯，在与胞弟在天津的合照里，她回到了老宅深院中的童年。那时她是一个稚嫩却倔强的小女孩，在古旧的亭台楼阁间，在寂寞的午后时光，她一个人坐在秋千上，荡着荡着，便荡过了一整个童年。

翻过这页，她在上海圣玛利亚女校的独照映入眼帘，那时她已是青涩的中学生。在璀璨如梦的菁菁校园里，她是灰姑娘，是穿着陈旧衣衫的辛德瑞拉。本是如花似玉的爱美年纪，她却因家道中落，躲在美丽玻璃花房的角落里，独自咽下清贫和寂寞。

再翻阅，她看见了那张与炎樱的合照。那时她们还在港大，是朝气澎湃写满快乐的大学生。那是一段年轻的年岁，在樱花飘落的季节，她与聪明幽默的炎樱，相识相知相伴，走过记忆，走过风雨飘摇的几十年。

然后，便是一张张在上海的时装照，她脸庞红润，嘴唇娇艳，眼睛里闪着光芒。那时她是上海滩横空出世的才女，风光无限，那时她邂逅了胡兰成，拥抱爱情，却不知她以为的天长地久，只是镜中月水中花，难以握在手心。

……

在这个充满奇幻色彩的晚上，她一时兴起，心血来潮，短暂地开启心扉，与一二好友，秉烛长谈，分享过往，只是一切都只是，偶然而已。凌晨3点半，庄信正夫妇起身告辞，他们挥手作别，那扇打开的门，应声关闭。

人有悲欢离合，月有阴晴圆缺，浮华与苍凉间，只是恍然如梦的浅淡叹息。美人迟暮，她陷入了回忆的泥沼，她说，孤独的人有他们自己的泥沼。

《流言》的扉页，她放了一张最爱的照片。那时她年轻，一袭水红绸子的古式齐膝旗袍，便写满时尚考究，衬托着她曼妙的身姿。她是风华绝代的张爱玲，红唇娇艳欲滴，眼睛璀璨如星辰。

有人说："此批幸存的老照片，不但珍贵，而且颇有味道，是文字以外的'余韵'。捧在手中一页页地掀，如同乱纹中依稀一个自画像：稚雅，成长，茂盛，荒凉……"关上一扇门，打开一扇窗，时光纷飞，那些稚嫩的记忆、不能回头的成长，和挥不去的想念，越发清晰。

繁华落尽见真醇，滚滚红尘间，她独辟一隅，与寂寞为邻，总会有些时分，想要溺死在回忆的泥沼里中，溺死在自己的芬芳里。她花费大量时间，整理《对照记》，记录散落流年，那本厚厚的老旧相册，她翻过太多遍，早已脱了线。

晚年唯好静，万事不关心。流年逝去，回忆不老，她躲在缭绕云雾间，枕着文字而眠。庄信正夫妇走后的20世纪80年代，她在香港和大陆风生水起，却在繁华的洛杉矶，越发沉寂。

庄信正离开后，依旧担心着孤身一人归隐异国的张爱玲，他专门写信拜托自己的好友林式同，多多关心这个迟暮的老人。于是，林式同带着庄信正的信，寻到了张爱玲的住处，并叩响了门铃。

只是他等了良久，却等不到应门之人，刚要离开时，却依稀听到房内些许声响。他再次叩门，并说明来意。门开了，却只是一条细细的缝，她清淡地表示抱歉，只让他把信放在门口。这一次，林式同终究没有见到传说中离群索居的一代奇女子。

一年后，林式同意外地收到张爱玲的信件，邀请他在一家汽车旅馆相见。他不知这位神秘的东方女子找她所为何事，但他欣然前往。

“走来一位瘦瘦高高、潇潇洒洒的女士，头上包着一副灰色的头巾，身上罩着一件近乎灰色的宽大的灯笼衣，穿着浴室用的毛拖鞋，落地无声，就这样无声无息地飘了过来……”

这是林式同对第一次见张爱玲场景的描述。那时她正被南美顽固的跳蚤折磨，染上了皮肤病，只得迁徙在一个又一个汽车旅馆里，她剪掉了长发，却依旧摆不脱跳蚤的纠缠。不得已，举目无亲的她找上了有一面之缘的林式同。

在林式同的帮助下，她搬家更加频繁。1984年到1988年，她在洛杉矶的街巷仓皇飘忽，宛如流浪逃亡的可怜人。在逃亡途中，她还遗落了宝贝至极的《海上花列传》英文译稿，以及移民的身份证件，从此后，她彻底成了一个没有身份的人。

她曾经写出“生命是一袭华美的袍，爬满了蚤子”这般令人惊艳的词句，可如今，一语成谶，她被这镶在袍子里的跳蚤，搞得鸡飞狗跳，狼狈不堪。

终于，功夫不负有心人，她的皮肤病被夏志清介绍的一位美籍华人医师治好，她再也不用因为该死的跳蚤漫无目的地辗转逃亡。她心情大好，写了书信大赞那位医师“医道高明，佩服到极点”，又写信拜托林式同帮忙寻找固定的公寓。

只是她等不及林式同，便自己找了一间单身公寓，恢复了离群索居的生活。这一次，她更加小心翼翼地躲在整洁优雅的公寓，深居简出，再不愿别人打扰她与世隔绝的世界。

浮华过后，苍凉尽现。纯粹、疏离、静谧，余年岁月，她只想被遗忘地活着，再不会向浮夸的人间，让步妥协。

小团圆

人生一梦，白云苍狗，她选择遗忘世间，也被世间遗忘。只是世间，总不舍得让她这样的才女销声匿迹，她风轻云淡的安稳平淡，再一次受到了惊扰。

台湾某报社的记者戴文采，千里迢迢地来到大洋彼岸的美国，只为与爱玲相见。她几经波折，寻到爱玲的住处，只是她的请求被离世绝尘的爱玲毫不犹豫地拒绝。世事繁杂，素昧平生，她不想过问，也不想被打扰。

只是这位戴小姐颇有几分倔强的坚持，她另辟蹊径，擅自租下了爱玲隔壁的那间房，开始了守株待兔的漫长等待。

这一等，便是整整一个月。她每日贴着墙壁，聆听墙的另一边，那个传奇女子的点点声响，企图用听觉窥探爱玲的生活，只是除了从中午一直持续到深夜的电视声，和偶尔健身单车的声音，她一无所获。

百无聊赖，戴小姐开始等得不耐烦，1个月后，这场一个人的守株待兔终于有了些许眉目。当隔壁传来房门被打开的声音时，戴小姐赶紧出门，终于见到了出来倒垃圾的张爱玲。

“她真瘦，顶重略过八十磅。生得长手长脚，骨架却极细窄，穿着一件白颜色衬衫，亮如洛佳水海岸的蓝裙子，女学生般把衬衫扎进裙腰里，腰上打了无数碎细褶，像只收口的软手袋。因为很瘦，衬衫肩头以及裙摆的褶线光棱棱的始终撑不圆，笔直的线条使瘦长多了不可轻侮。午后的阳光邓肯式的在雪洞般墙上裸舞，但她正巧站在暗处，看不出衬衫白底上是不是印有小花，只觉她肤色很白，头发剪短了烫出大卷发花……

“她弯腰的姿势极隽逸，因为身体太像两片薄叶子贴在一起，即使前倾着上半身，仍毫无下坠之势，整个人成了飘落两字，我当下惭愧我身上所有的累赘太多，她的腿修长，也许瘦到一定程度之后根本没有年龄，叫人想起新烫了发的女学生……我当下绕另一条小径躲在墙后远远看她，她走着，像一卷细龙卷风，低着头，仿佛大难将至，仓皇赶路，垃圾桶后院落一棵合欢叶开满紫花的树，在她背后私语般纷纷飘坠无数绿与紫……”

整整一个月，戴小姐终于远远见到了这个她一直窥视着的主角，虽然只是惊鸿一瞥，却让她震动不已，洋洋洒洒地写了篇名为《华丽缘——我的邻居张爱玲》的采访记，寄回了台湾发表。她说：“因为距离太远，始终没有看清她的眉目，仅是如此已经十分震动，如同林黛玉从书里出来葬花，真实到几乎极不真实。岁月攻不进张爱玲自己的氛围，甚至想起绿野仙踪。”

或许她只想远远地看，并不是有意惊扰，但这篇冒失的文章，终是扰了爱玲的清净。庄信正知道后，立即拨了爱玲的电话，平时从不接听电话的她却奇迹般地拿起了听筒，宛如心有灵犀一般。

当得知一个痴迷的记者，在执着地窥探自己的生活时，她以最快的速度搬了家，悄无声息彻彻底底地消失在戴小姐的视线里。她说："这几年在郊外居无定所，麻烦得不得了，现在好不容易希望能安静，如再被采访，就等于'一个人只剩下两个铜板，还给人要了去'。"

1991年7月，林式同在西木区为她寻到了一处合适的公寓，她很是满意，很快安顿了下来。从此后，她再没有搬过家，这成了她最后的寓所，最后的归处。

那一年，她相继听到好友炎樱与姑姑张茂渊去世的消息，绵延的忧伤将她包裹。时光漫溯，他们曾经是无话不谈的至亲好友，如今却只能隔着天上人间的漫长距离，诉说思念。死亡来得太急太快，殊不知，她的归期又在何时？

生死轮回，当时只道是寻常，她不怕死，只怕仓皇死去时，连句道别的遗言都没有留下。1992年，她给林式同寄去了一份遗嘱的副本，上面如是写道：一、所有的私人物品留给香港的宋淇夫妇；二、不举行任何丧礼，将遗体火化，骨灰撒到任何空旷的荒野。遗嘱执行人是林式同。

林式同看过后，只觉震惊到莫名其妙。他说："一看之下我心里觉得这人真怪，好好的给我遗书干什么……遗书中提到宋淇，我并不认识，信中也没有说明他们夫妇的联系处，仅说如果我不肯当执行人，可以让她另请他人。张爱玲不是好好的吗？我母亲比她大得多，一点事也没有……"

殊不知，这是爱玲最后的交代。寄过遗嘱后，她不再怎么联系林式同，这一次，她要彻底断了与尘世的联系，只留一生的知己好友——文字。

繁华落尽，她陷在回忆的旋涡中，整理照片，编那本图文并茂的《对照记》，写长篇自传性质的小说《小团圆》。真醇现，她不惧死亡、不怕苍老，只怕那写不完的曾经，成了自己未了的遗憾。

她说：“这是一个热情故事，我想表达出爱情的万转千回，完全幻灭之后也还有点什么东西在。”只是她的故事《小团圆》，耗尽二十个春冬秋夏，到底没有写完，不知她是不想讲完，还是不舍得画下句点。

在世时，她的手稿，仅有宋淇和平鑫涛等几个人见过，她也曾留下遗嘱，要求销毁，让这泛着风月的故事，随着她的陨落香消玉殒。这是她的终点，只是《小团圆》终究是没被销毁，于2009年2月26日由台湾皇冠出版社出版。

1994年，《对照记》在台湾获得《中国时报》“文学奖特别成就奖”。为此，她拍下一张照片，那时她已秋水苍颜，带着病态的瘦，但双目依旧闪着璀璨的光，神韵犹存。她手中握着一卷报纸，触目惊心地立着“主席金日成昨猝逝”几个黑体大字，死亡之气森森然传来，她是否在向世间告别？

这是她留给世人最后的一抹影像。后来，她将这张照片放在《对照记》的最后一页，附旁白曰：写这本书，在老照相簿里钻研太久，出来透口气。跟大家一起看同一头条新闻，有“天涯共此时”的即刻感。手持报纸倒像绑匪寄给肉票家人的照片，证明他当日还活着。其实这倒也不是拟于不伦，有诗为证。诗曰：人老了大都是时间的俘虏，被圈禁禁足，它待我还好——当然随时可以撕票一笑。

1995年中秋前夕，一切如常，简单、平静，而林式同却接到了一个令人心惊的电话，张爱玲死了。她身穿红色旗袍，安详地躺在空旷客厅的地毯上。她盛装赴死，走得洒脱，仿佛等待多时。只是这个爱美的老人，却是在死后一个礼拜，才被外人发现。

她走了，走得安静，走得凄然，那未完的《小团圆》，散落一地。

张爱玲曾如是说："三十年前的月亮早已沉下去，三十年前的人也死了，然而三十年前的故事还没完——完不了。"是的，她死了，可她的传奇故事，却永远完不了。

林式同完全遵照她的遗愿，为她安排着身后事，这是他对这位传奇女子最后的尊重。张爱玲75岁生日那天，林式同与几位友人相携来到海上，将她的骨灰撒向苍茫无边的太平洋。从此以后，她化身一缕烟尘，随着一捧捧或纯白，或鲜红的玫瑰花，飘向魂牵梦萦的故乡。

诀别诗，两三行。这一次，她没有停歇，没有回头，世间纷扰，再与她毫无相干。爱玲，你这位民国的临水照花人，是否在另一个世界，拥抱了那最终的小团圆？

结 语

搁笔之时，已写尽了爱玲一生的故事，然而，心中对她的情感，始终在汩汩流淌，难以停息。并非笔者执着，而是这样一个极致的女子，是一个让人无可抗拒的吸引。

她生命中的每一个细节，都是值得玩味的传奇。她有显赫的家世，在时代的动荡中看见了繁华转向衰颓的故事，她听得到那繁华落地的悲伤回响之声。一双冷眼，睥睨苍生。就如她所感受到的："生命是一袭华美的袍，爬满了蚤子。"她总是能一语雕刻生命的本质。

她从小就缺少来自于父母的温暖，却在孤寂中，学会了享受生命的欢悦。她说出名要趁早，所以，她便早早地在自己的人生里，开始了传奇。她一路奔向梦想，在追逐的路上，散发着天才的光芒。命运种种曲折，最终没有到达她年少渴望的地方。然而，她以笔墨，另辟了一个天堂。

墨色的故事里，尽是她主宰的人生沉浮。那些爱恨痴缠，那些繁华忧伤，是她心底情感的流淌。她的笔下，流淌着冷艳漠然的话语，总是轻易地，撕开人们心中血淋淋的伤口。那么痛，又让人欲罢不能。这是从她的灵性里透出的魅惑。

她曾在旧上海熏风的夜空低声吟咏如水的文字，写民国风云里的爱情，于是，我们再也忘不掉那香港的繁华、上海的风烟……

一段一段的时光故事，组成了她生命成长的轨迹，她以笔墨闻名世上，而爱情，却惊艳了她的生命，让她低到尘埃里去，又在尘埃里开出了灵魂之花。

胡兰成，她的挚爱，却成了她的永劫。她在爱情里感受欢愉，在爱情里感受失落，又在爱情中感受深刻……时至今日，我们依然会感受到她曾经关于爱的一切。她的生命，也许就是一朵昙花，所有累积，都是为了那爱情短暂的绚烂，而后，繁华落尽，留下的是永远苍凉的回声。

爱玲的那个时代，已经渐行渐远，但是她留给了我们不灭的梦。那个才华横溢、穿着旗袍的女子，永远在人们的记忆中盛放。

民国是一个不可复制的时代，那些关于爱玲的动人的故事，都湮没在了时光里，氤氲出一种独特的民国的韵味。爱玲，终将成为民国时代一个永恒而华丽的传奇，在那个烟雨迷蒙的时代熠熠生辉。

张爱玲年表

1920年9月30日，出生于上海，取名张煐，原籍河北丰润。

1922年，迁居天津法租界张家旧宅。

1924年，开始私塾教育和小说创作。

1928年，由天津迁回上海。读《红楼梦》，创作乌托邦式小说《快乐村》。

1930年，父母协议离婚，她进入黄氏小学，正式更名张爱玲。

1931年，就读上海圣玛利亚女校。

1933年，散文《迟暮》发表在校刊《凤藻》上，开始长篇章回小说《摩登红楼梦》的创作。

1937年，随笔《论卡通画之前途》发表，从圣玛利亚女校毕业。

1939年，赴香港大学专攻文学。

1940年，《我的天才梦》获《西风》月刊三周年征稿比赛第十三名。

1942年，香港沦陷，未毕业即回上海，报考圣约翰大学，开始用英语写影评和散文：《婆媳之间》《鸦片战争》《中国的生活与服装》等。

1943年，《沉香屑：第一炉香》和《沉香屑：第二炉香》在《紫罗兰》月刊连载，《茉莉香片》《到底是上海人》《倾城之恋》《金锁记》在《杂志》月刊发表，《心经》在《万象》月刊发表，《更衣记》在《古今》发表。

1944年，《连环套》在《万象》连载，《花凋》和《红玫瑰与白玫瑰》在《杂志》月刊发表。与胡兰成结婚，炎樱为证婚人。

1945年，《创世纪》《苏青张爱玲对谈记》《吉利》《姑姑语录》等在《杂志》月刊发表，《倾城之恋》在上海公演。8月15日，日军投降，胡兰成潜逃。

1947年，《华丽缘》《多少恨》在《大家》月刊发表。与电影导演桑弧合作，创作出《不了情》《太太万岁》《哀乐中年》三部电影剧本。与胡兰成离婚。

1948年，以梁京为笔名连载《十八春》。

1952年，赴香港。写电影剧本《小儿女》《南北喜相逢》，翻译《老人与海》《爱默森选集》等。结识麦卡锡和宋淇夫妇。

1954年，《秧歌》《赤地之恋》在《今日世界》连载。

1955年，离港赴美。

1956年，结识作家赖雅，与他在纽约结婚。

1957年，母亲在英国逝世。

1958年，为香港电懋电影公司编《情场如战场》《桃花运》《人财两得》等剧本。

1961年，为收集写作资料，飞台赴港。

1962年，回美，与文夫团聚。

1966年，《怨女》由台湾皇冠出版社出版发行。

1967年，赖雅去世。开始《海上花列传》的翻译和《红楼梦》的研究。

1968年，《秧歌》《流言》《张爱玲短篇小说集》在台湾皇冠出版社出版。

1969年，皇冠出版社出版《半生缘》和《红楼梦未完》。

1973年，定居洛杉矶，开始离群索居的晚年生活。

1975年，完成《海上花列传》英译本，皇冠刊载《二详红楼梦》。

1977年，历时十年之久的《红楼梦魇》出版。

1981年，国语版《海上花》出版。

1991年，好友炎樱和姑姑张茂渊去世。

1994年，《对照记》发表。

1995年9月8日，逝世于洛杉矶公寓，19日火化，30日，骨灰被撒入太平洋。